老舍先生

舒乙 著

中国青年出版社

目录

序一

恋家

胡絜青

老舍是个恋家的人。

他恋自己的老母亲，和她那个小而穷的老家；他恋自己的小家；他恋故乡，他恋我们的国家。家，对他来说，至关重要，是自己生命的一部分。

他强烈的恋家情结和他前半生的漂泊不定大有关系。32 岁以前，严格地说，他没有一个像样的家。自打考上师范学校住校以后，他便离开了母亲，不再回家住，老是以学校和朋友的家为家。他离家时不过 14 岁。

老舍生在小羊圈胡同里的一个不成格局的小窄院里，一岁半时死了父亲，跟着母亲长大。小窄院是他的摇篮，他曾多次把它写进自己的小说，像高尔基写外祖父的小破染房一样。破虽破，穷虽穷，可是他觉着亲切，不论他走到哪里，是伦敦，是济南，是重庆，是纽约，小羊圈里的小院都会回到他的梦中。这是他的家，那个把记忆铸进他血液里的家，那个把性格培育成嫉恶如仇和悲天悯人同样发达的家。

然而，这个家是个苦涩的家，想起来，便会打冷战，便会暗暗落几滴泪，便会升起无限的悲凉思绪。

带着这么一种凄楚，他漂泊了整整 20 年，直到结婚，才在济南安了家。

对这个好不容易才有的小家，他迷恋极了，仿佛游子终于找到了归宿一般。他睡在家里，吃在家里，写在家里，把朋友找到家里。家里有了孩子，有了花草，有了叫“球球”的小猫。他有一张“全家福”照片，上面有一首他写的小诗：

爸笑妈随女扯书，一家三口乐安居，

济南山水多名士，篮里猫球盆里鱼。

这小诗便是他有了家之后的写照，很知足，很得意。

不过，这个美满的小家只持续了 7 年，就让日本人打破了。

他又开始流浪，没有家，没有亲人。亲人、老母、哥哥姐姐、妻子儿女都留在了沦陷的北平。

对当时的情况，他在文章中写过这样的话：“我想念我的妻和儿女，我觉得太对不起他们，可是在无可奈何之中，我感谢她，我必须拼命地去做事，好对得起她。由悬念而自励，一个有欠摩登的妇人，是怎样的能帮助像我这样的人哪！国难期间，男女间的关系，是含泪相誓，各自珍重，为国效劳。”

他把小家化作了大家。

直到 1943 年，一家人才又在重庆北碚团圆。此时的老舍，可谓贫病交加，战争和时局令他忧心忡忡。国家蒙难，小家也不得安宁。

住在纽约，他再次感受孤独。他给朋友写信，说自己“有如丧家之犬”。

回到北京之后，他向周总理请示，可不可以用自己的所得版税买一所小房，以求有个安静的写作环境。得到总理首肯之后，他花了一百疋白布的代价买下了迺兹府丰盛胡同 10 号的小四合院。

这是真正属于他的家。他喜欢这个小院。他自己动手布置它，每天擦洗它，用无数的花草树木装点它，把它打扮成一座小花园，光是菊花就有好几百盆，秋季可以举办家庭菊展。菊展期间老舍一定要频频地召朋友来赏菊，用各种北京的特有食品，包括烤肉，款待他们。他把北屋的一扇墙布置成陈列字画的地方，轮流张挂自己收藏的美术作品。他陆续买了一些小古董放在客厅的各个角落，不求有多大的文物价值，只求自己看着高兴。

他每天在这个小院里写作，从不间断，没有节假日。他很少离开这个院子，开会不住招待所，一定回来住。吃饭，包括中饭，也是在家吃。

在这所小院里，他终于找到了家的感觉。这里有他的情趣，他的喜好和他的追求。

他愿意把这个家向所有的人公开，请他们来住，来玩，来吃。

在别人眼中，老舍的家是个典型的东方文化的活标本。其实，家，就是家，只不过带着他自己特有的一切性格而已。一句话，他热爱生活。

“文革”初起，红卫兵已经上街，家人劝老舍可否稍稍改动一下室内的布置，他斩钉截铁地说：“绝不！”

他太爱这个家。

但是，他最终离开了这个家，离开了这个多难的世界。

玉碎了，瓦碎了，结束了一个恋家人的故事。

为了热爱生活，有时，要付出沉重的代价。

序二

舒乙

过去的8年里，我陆陆续续又写了40余篇关于老舍先生的文字，差不多都是纪实性的，有考证性，有回忆性，注重细节，着重生平，点点滴滴，可以集成一本小书，取名《细节老舍》。

这样的文字，可能对读者、对研究者，都有些用处，因为不说空话，不讲虚的，全是干货，而且细微可触；好在，老舍先生是个说不尽的话题，不会乏味，不会嫌多。

大致，归笼归笼，文章可以分为5大类：一，老舍身世；二，老舍在国外；三，老舍作品；四，老舍身后；五，老舍作品研究和拓展。不一定有严格的区分，只是让相近的站在一块罢了，便于阅读。

本书还发表一批最近10年发现的老舍先生从未发表的照片。20年前燕山出版社曾出版了舒济主编的大型图册《老舍》，收录了900余张和老舍先生有关的照片，其中老舍先生本人各个时期的照片共231张，堪称是集大成的一次收集、整理和发表。从那以后，通过各种渠道又陆续有所发现，共有 18 张之多，最难能可贵的是其中竟然有 5 张是 1949 年以前拍的，弥为珍贵，每张的发现都值得开一次小型的庆祝会。

这个，有点看头。

壹

青鸞淩鳳翺飛仙窈窕姿高
挹謝塵境妙顔粲瓊鞋登霞
抗玉音結霧吹參差神鈞舞空
洞玄露湛霄暉山中玉斧家
胡不一來嬉

一九六三年四月　老舍

丁聪为《老舍幽默诗文集》插图。

先師孔子行教像

小羊圈胡同北面不远处是积水潭，这里安静、幽雅，一片野趣，老舍小时爱到这里玩。他日后写道：“面对着积水潭，背后是城墙，坐在石上看着水中的小蝌蚪或苇叶上的嫩蜻蜓，我可以快乐地坐一天，心中完全安适，无所求也无可怕，像小儿安睡在摇篮里。”

齐白石：《蛙声十里出山泉》。

齐白石：《手摘红樱拜美人》。

傅抱石赠老舍画。

胡絜青绘画，白石老人题字。

1905年起，老舍到正觉寺上私塾近三年，在这里他读了《三字经》《论语》等书。

20 世纪 80 年代老舍任校长时的校长办公室。

1922 年的德胜门。老舍从北郊进出城必经此门。

民国初年京郊街道。

1923 年 5 月赠给北师同班好友关实之的半身相。

1930 年夏送给同学、好友关实之的照片。

1930 年于齐鲁大学。

1930 年在济南。

1930 年冬照。

寒假过后老舍返回济南，送给胡絜青的第一张照片。

1931年胡絜青在北京师范大学的毕业照。

1931 年暑假老舍回北平与胡絜青结婚。

199

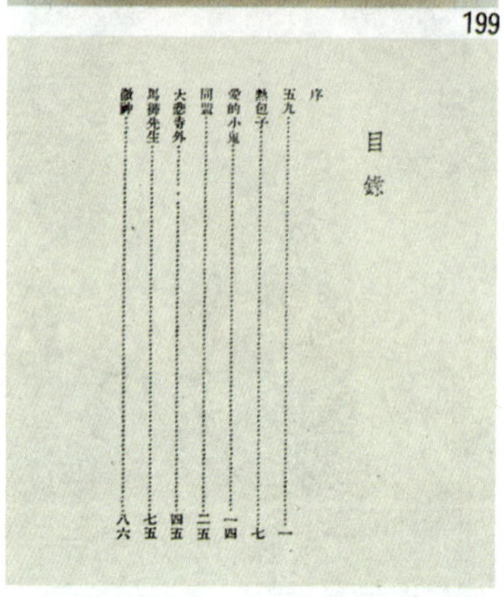

目錄

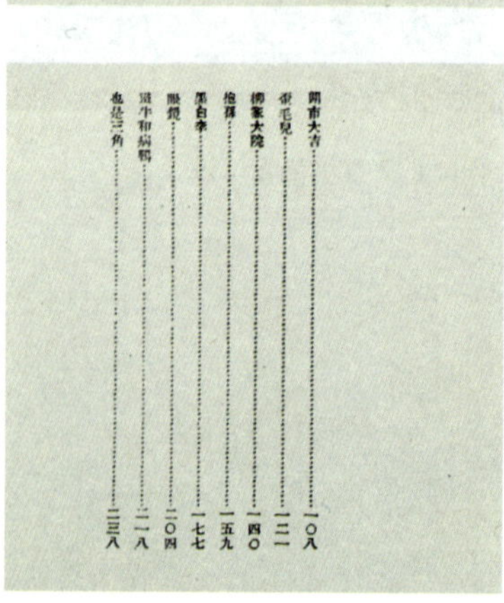

《赶集》，1934年9月上海图书印刷公司出版。这是老舍第一部短篇小说集，收有15篇小说。

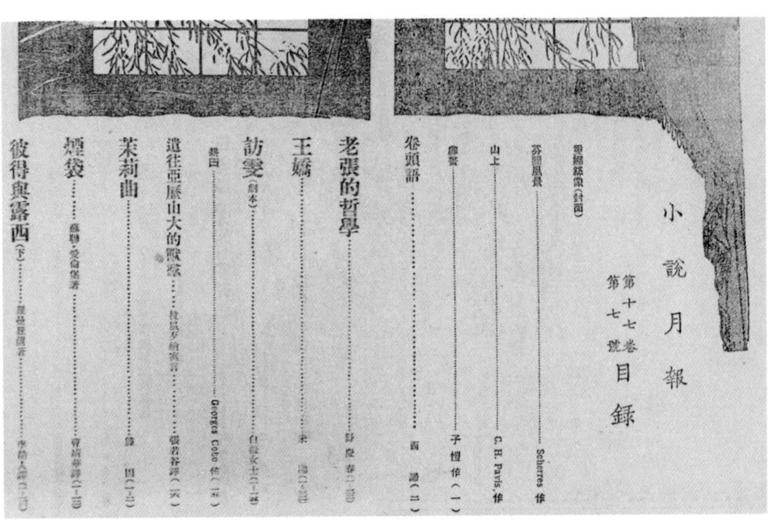

小說月報

第十七卷
第七號

目錄

[illegible]（封面）

[illegible]風景……Scherres 作

山上……C. H. Pavis 作

[illegible]……子愷作（一）

卷頭語……西諦（二）

老張的哲學……舒慶春（[illegible]）

王嬌……[illegible]

訪雯（劇本）……白薇女士（[illegible]）

[illegible]……Georges Cobo 作（[illegible]）

遺往亞歷山大的獸綵……[illegible]……張若谷譯（[illegible]）

茉莉曲……[illegible]

煙袋……[illegible]……[illegible]譯（[illegible]）

彼得與露西（下）……[illegible]著……[illegible]譯（[illegible]）

在伦敦，在寂寞与思念祖国亲人的回忆中，1925 年春在课余开始写第一部长篇小说《老张的哲学》。写作中得到许地山的支持。历时一年写完，许地山鼓励他寄回国内发表。1926 年 7–12 月在上海《小说月报》第 17 期上连载。

《老舍幽默诗文集》插图。

方成绘

老舍的家谱

老舍先生并没有真正意义上的家谱，因为他是穷人出身。他在自己的文章中多次提到这一点，这应该是事实。

但是，经过调查研究，以历史材料为根据，后人可以替他补做一个简易的家谱，来填补这个空白，也不失为一种补救，对他的身世研究多少有些用处。

家谱的主要依据是老舍先生和胡絜青夫人的《婚书》。这件实物尚在，保存于北京老舍纪念馆中。该件统一格式的印制单位是“北平市政府社会局”，上贴有 4 枚印花票，票内有两枚内右区的印章。日期是“中华民国二十年七月二十八日”。《婚书》上有两位新人、证婚人、介绍人(两位)、主婚人(两位)、家长(两位)的各自签名和印章。结婚仪式地点在西单报子街会贤堂。这份《婚书》上明确填写了老舍先生的曾祖父母、祖父母、父母的名字。这是一份极其珍贵的史料文献。

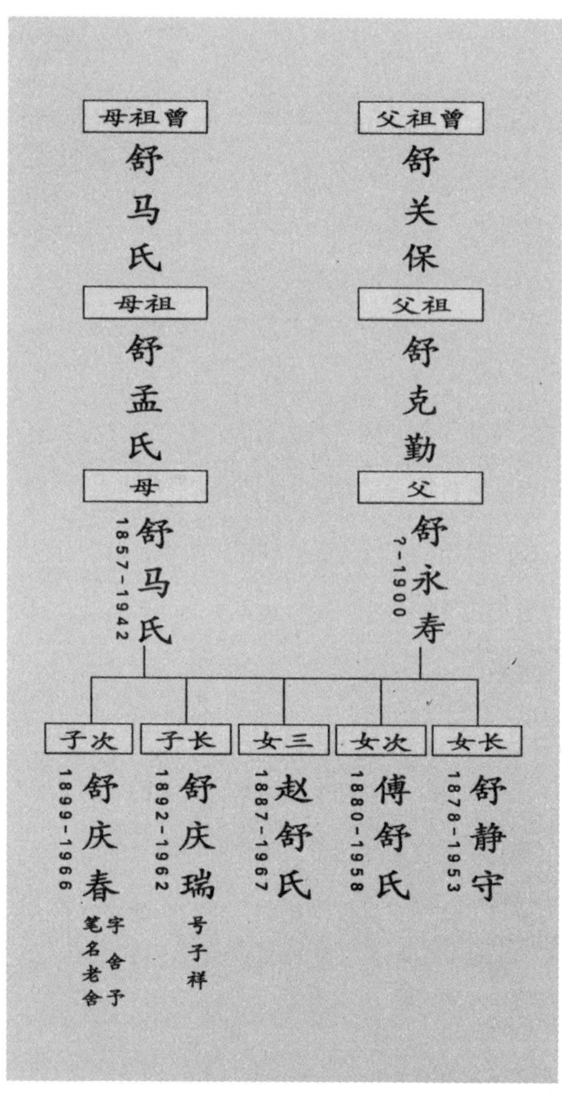
曾祖父
舒关保
曾祖母
舒马氏
祖父
舒克勤
祖母
舒孟氏
父
舒永寿
?-1900
母
舒马氏
1857-1942
长女
舒静守
1878-1953
次女
傅舒氏
1880-1958
女三
赵舒氏
1887-1967
长子
舒庆瑞
1892-1962
号子祥
次子
舒庆春
1899-1966
字舍予
笔名老舍

和老舍先生“生辰八字”有关的记录还有：

他生于光绪二十四年腊月二十三酉时（相当 1899 年 2 月 3 日下午五点至七点之间）。

他的出生地点在北京西城区新街口南大街的小羊圈胡同（今小杨家胡同 8 号），当时属于正红旗住地，生在北屋的东套间里（今尚存）。

他的血型是 B 型。

老舍先生有三位结义兄弟（拜把子兄弟），他排老三，老大叫董子茹，老二叫赵水澄，老四叫罗常培。拜把时间是 1922 年下半年，地点在天津南开中学。事实上，他们确实是终生好友，亲如手足。

在调查家谱过程中，还有一些有趣的事值得记述：

在辽阳市郊满族聚居区的一个小村里，找到几户姓舒的，他们谈了以下的事情，其中颇为惊人的是：

这个村的人都是一个姓氏的后裔，都是舒穆禄部落的，后来，冠汉姓时，东北音“XU”（第四声）可以找到四个同音汉字：舒、徐、许、宿，于是这个村的舒穆禄氏后裔现在有姓舒的，有姓徐的，有姓许的，有姓宿的，原来都是同姓的一家人。

据这个村的同族人说，舒穆禄氏原本是有家谱的，可惜均毁于“文革”；“文革”前，他们曾组团到北京去续家谱，找到过老舍先生，而且把老舍那一辈人都续进了家谱。

他们还说，舒穆禄氏中最有名的历史人物是清朝开国元勋之一杨古力。

据老亲戚们说，北京的舒家原本是个大家庭，可惜家庭内讧，导致老舍父亲舒永寿这一支分出来单过。亲人彼此绝了情，从此不再来往，连坟地都是分开的。分裂的顶峰是发生在一次出殡仪式上。一个很有排场的临时殡葬大棚被一把莫名的大火烧得一干二净。显然是内讧到了反目成仇不可调和的地步。从此，舒永寿一个人老老实实当他的"护军"，自己在小羊圈胡同买了一所不成规格的小院，养了9个孩子，活下来5个，老舍是他的幺儿子。

舒永寿1900年8月战死在与八国联军巷战的炮火中。他失踪于西华门外南恒裕粮店附近。后来，家人把他的"生辰八字牌"和一副裤脚带一双布袜子埋葬在"蓟门烟树"南边新买的一小块私人坟地里，没有归到"蓟门烟树"黄亭子附近舒氏家族的老坟地里。在上世纪70年代末还能找到标有"舒"字的坟地界桩。

老舍先生在他著名小说《月牙儿》里描写的母亲拉着年幼的"我"去西直门外给父亲上坟的场景，实际取材于自己早年和母亲去明光村给自己亡父上坟的记忆。1942年老舍母亲病逝于沦陷的北平，也埋葬于此地。1949年老舍先生由美国回到故乡后，曾来到这里给自己的父亲、母亲上坟。他找到姓侯的看坟人，拜托他们多多照应，还到看坟人的小院里坐了坐，谈话时难过地落了泪。看坟人侯长山的父亲曾被老舍先生当作模特儿写进《四世同堂》，是一位笔墨不多但很重要的乡下人，在书里叫"常二爷"。30年前，老舍父母的坟头已被平掉，改了菜地。这块坟地紧挨着去八达岭的铁路，在食品冷冻库附近，如今已成了堆货的场地和居民区。

因为舒永寿牺牲时，老舍刚一岁，母亲在老舍的人生中起着非常重要的作用。老舍先生在悼念母亲的文章《我的母亲》中是这么写的："我的真正教师，把性格传给我的，是我的母亲。母亲并不识字，她给我的是生命的教育。"

这位母亲也是穷人，自然也是没有家谱的。

她姓马，是正黄旗人，住在北京北郊北土城的西北角。那里原来只有四户人，有姓马的，有两户姓王的，有姓潘的，大概是属于给黄带子看坟的旗人。

马海亭是老舍母亲的侄子，是老舍先生的表兄。老舍先生在话剧《神拳》（后记）中多次提到他。此人多次作为模特出现在老舍先生小说中，如《正红旗下》的"福海二哥"，成为老舍先生笔下的满族人生动的典型人物。《我这一辈子》的"我"也有马海亭的某些影子。王赋星也是老舍先生的同辈人，是远一点的表兄，但小时候曾住在一起，他的一些事也被写进过《我这一辈子》。马松明一辈子是个农民，他小的时候，当老舍母亲带着小儿子回娘家时，老舍常常和他一起玩。此人识字，记了一辈子日记，日记中多处提到老舍，可惜1980年去世后第二天他的日记被他的后人烧掉。他的弟弟马松亮关于老舍也有一些可用的回忆。

这么看来，家谱实际是关于人的宗族关系记载，是"人书"，对作家的身世来说，尤其有参考价值，有时可以联系他的作品找出有意思的联想头绪来，对深入了解其作品的人物会有相当帮助。因此作家的家谱，就不单单是私人家族的血脉关系了。它变大了，变得更有作用了。

老舍在课余读了荷马史诗，古希腊悲剧。后来他在《神曲》一文中写道：“在我读过的文学名著里，给我最多的好处的是但丁的《神曲》”“世界上只有一本无可摹仿的大书，就是《神曲》。它的气魄之大，结构之精，永远使文艺学徒自惭自励。”

一个京城贫儿的辛亥经历

老舍先生是北京旗人，满族，生于光绪二十四年腊月二十三（公元1899年2月3日）酉时，那年距离辛亥革命还有12年多一点。在他降生的时候，中国发生了一件大事，就是戊戌政变，光绪皇帝发动的改良新政遭到后党的反对而半途夭折，中国社会上空刚刚冒起的一点点曙光又被彻底扑灭，偌大的东方古国重新陷入一片黑暗，整个社会动荡不安，孕育着一场大的变革。山东农村爆发了义和拳运动，第二年，八国联军进军北京，这一连串的大事，一个接着一个，也落在老舍一家人身上，那一年他才一岁。

老舍的父亲，住在北京西直门附近的小羊圈胡同，每天天不亮的时候要到皇城里去当差，负责巡逻和守卫皇城。他有一个“腰牌”，相当于今天进城的通行证。用一块小木头牌挂在腰上，上面写着“面黄无须”四个字，这是他的面貌特征，那时候没有照片呀。

抬枪的失败

八国联军进攻北京的时候，是1900年8、9月份，慈禧太后带着光绪皇帝逃到了西安，但是守城的士兵们并不知道，他们还在做殊死的抵抗，坚守在北京城墙的各个城门上。

舒永寿就镇守在北京的前门上。前门是北京城的南大门，叫正阳门，在城的中轴线上，背后就是天安门和皇宫。正阳门有瓮城，正前方是箭楼，是突向正前方的最前线。舒永寿的防守阵地就在这里。他和他的战友使用的火器是落后的抬枪，并不是对手拥有的洋枪洋炮。抬枪很沉重，铸铁做的枪管很长，需要两个人同时操作，一个人在前方抬着枪管，另一个人在后边瞄准射击，使用的炸药还是黑色火药，呈粉面状，使用起来很麻烦，先由枪管口处向里倒炸药，再装枪弹，然后再发射。在往枪管里灌装炸药时，黑色火药不免要撒落一地，这很危险，一个火星就会火烧连营。负责攻打正阳门的侵犯者是日本部队，他们深知中国部队火器的弱点，所以除了一般炮弹之外还使用了“燃夷弹”。一发炮弹打过来，城墙上便是一片火海，舒永寿被严重烧伤，退下城来。

他艰难地爬过天安门广场，顺着西长安街再向西，到了南长街再向北，这是回家的方向。到了西华门，再也无力向前，见街道西侧有一间粮店，叫“南恒裕”，粮店半掩着门，主人已逃走，他便爬进去躲了起来。时候长了，敌军破城而入，前面的我方部队溃败下来，路过此地。有一名士兵进来找水喝，发现地上有人，噢，是“永爷”。他们不仅相互认识，还是亲戚，来者叫福海二哥，是永寿妻弟的二儿子。福海二哥执意要背这位负伤的姑父回家。永寿不肯。他已不能说话，哆嗦着提起因腿肿而脱下来的一双布袜子和一副裤脚带，示意要福海抓紧时间快跑，回家报信。福海无奈，哭着离去。家人知道消息之后，城内已大乱，八国联军无恶不作。老舍母亲的小院子也不能幸免，进来了一拨又一拨的侵略军。大黄狗扑上前去护院，被一刀刺死。侵略军进屋翻箱倒柜，连一根头簪也不放过。等他们走后，蹲在院角的母亲赶快进屋，只见一只箱子正扣在炕上的小婴儿身上，幸亏小儿子命大，还在熟睡。刚才只要他一哭，说不定也得遭遇大黄狗同样的命运。等到城里事态稍微平息了一些之后，家人急忙雇了一辆大车到西华门南恒裕粮店去找受伤的父亲。可是他已经不在那里了。他彻底失踪了。一家人哭作一团。没办法，只好用一只小木箱，里面装着那双布袜子和裤脚带，还有他的生辰八字一块埋藏了。坟地选在北京德胜门外明光村外的一个小角落里。

从此，老舍和母亲相依为命，在小羊圈胡同里度过了他的清贫童年。

清冷的月牙儿

父亲阵亡之后，他的名字第二年上了《庚子京师褒恤录》，在第四卷第7页上：

“护军……永寿……于上年七月在天安等门驻紮二十一日对敌阵亡　等因护军……永寿……均著照护军校阵亡例优赐恤”。此名单中一共列了15位牺牲的护军的名字，永寿排在中间，列第8名。他阵亡的日期应是公历1900年8月15日。

母亲得到的抚恤金实际上是一个护军减半的钱粮，而且此时国运

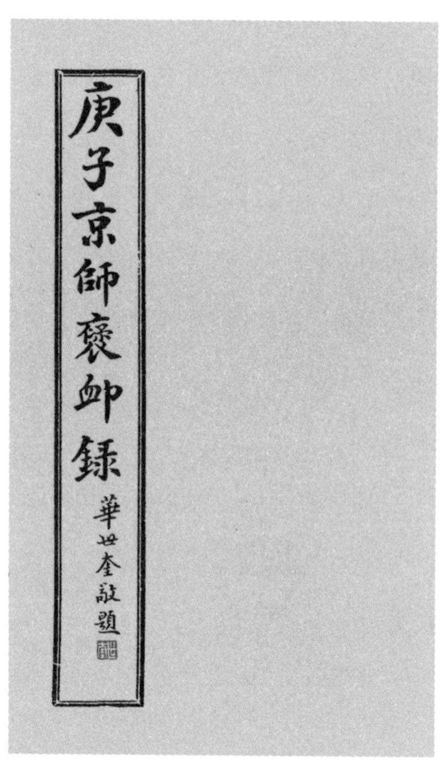
庚子京師褒卹録
華世奎敬題

《庚子京师褒卹录》第 4 卷第 7 页记载着舒永寿（公历 1900 年 8 月 15 日）阵亡。

不济，已不能按时发放，拿到手的也是成色不足的银子，含金量大打折扣。母亲的负担很重，除了刚1岁的小儿子之外，她还有两位未出阁的大女儿和另一个年满8岁的儿子，还有一位大姑子跟他们同住。母亲只能靠替别人洗衣服、补衣服、做活计来维持生计。在老舍的记忆里，母亲的双手永远是红肿的，表皮极粗糙，用她的手背给小孩子挠痒痒倒很合适，可惜并不敢再劳累她。母亲常被店铺伙计送来的脏衣服熏得吃不下饭去，但她从不歇息，直到深夜还抱着一盏小油灯缝缝补补。母亲娘家姓马，是住在北京郊区北土城“蓟门烟树”附近的农家。她本人是个不识字的满族妇女，生性好强，一生勤劳。她内心的刚强、正直和外表的和气、热情一直影响了她的后代，融入了他们的血脉，铸造了他们的性格。她是老舍的不识字的人生导师。她最犯愁的事是每当领了钱饷回来，不知该如何分配这些为数可怜的银子，是还上月的债呢，还是安排下个月的嚼裹儿呢。她坐在炕上，把铜钱分成两摞，一摞是该还债的，一摞是打算用在下个月开支的，倒过来翻过去，怎么也不够用。索性都还了债，无债一身轻，但下个月怎么办呢，只能喝西北风了，难啊。母亲街门外的墙垛子上有两排用瓦片刻画的记号，每5道为一组，颇像鸡爪子，到月底按鸡爪子的多少还钱，其中一组是买烧饼赊的账，另一组是买水赊的账。那时院里并没有自来水，大家都吃井水，靠送水的车子挨家挨户地送。每送一挑水，就在墙上画一道记号，先赊后还，月底结账。母亲只让送水的和卖烧饼的和“鸡爪子”发生关系，别的任何消费都不再允许发生。

老舍先天不足。母亲奶水不足，他是靠吃“糕干”长大的，他常常开玩笑说，以致后来他长大了始终是“一脑袋的糨子”。

老舍到3岁都不会说话，大人们很为这个瘦弱的孩子担心。他甚至到3岁也不会走路，一个人坐在炕上，一声不响，很乖。给他一小团破棉花，或者一小块生面，就可以玩半天。长到4、5岁他也没有一件像样的玩具。偶然在小南屋找到几个磕泥饽饽的泥模子和一副涂了红颜色的羊拐，这是他唯一拥有过的玩意儿。剩下就是院墙外大槐树上吐丝而下的绿槐虫——“吊死鬼”，那是他不用花钱买的活玩具。

母亲有时候带着小儿子去城外给父亲上坟，那是要走很长的路的。路上母亲会买一些热栗子给他吃。及至到了坟地，母亲放下儿子，自己抱着坟头哭起来，哭得很伤心。周围只有几只乌鸦，偶尔发出几声难听的鸣叫，怪吓人。一阵小风吹来，将未烧尽的纸钱卷向天空。天色渐暗，母亲背起小儿子向回走。月牙儿爬上天空，灰暗的旷野一片清冷。小儿子在母亲背上仰望天空，月牙儿一直跟着走，闪着冷光，惨白惨白。母子二人一语不发，心中却因孤独而悲伤，四周也越发寂静。那月牙儿便永远地停在了心中，成了清贫童年的长久的记号。

卖花生米？上学？

老舍一辈子不爱过年，不爱过生日，因为每当想起自己的童年，他便想起自己可怜的母亲。那个时候，过年对母亲来说是一关，是很难过的一关。

小的时候，他常常看见街上的人家为过年而忙碌，便跑回来向母亲报告，谁家买了多少鞭炮，谁家请了一台蜜供，比桌子还高，谁家正在剁肉馅包饺子。母亲在这个时候会很平静地对他说："我们不和人家比。别着急，我们也会动手包饺子，自己包的饺子最好吃，虽然咱们包的菜多肉少。"

母亲精明强干，对能做得到的礼仪一点也不含糊。她会把炉灰面筛得很细，用它来擦拭缺胳膊短腿的家具上的包角铜活，擦得锃亮，还会把一张不知怎么保存下来的老画《王羲之爱鹅》挂出来，再点燃一支小小的红蜡烛。不过，到底是没有多少好吃的和好玩的，母子二人早早地就上了床，听着别人家的鞭炮声渐渐入睡。

这样的年，让老舍很伤心，不愿意过。

所以，他后来说，他天生是个悲观主义者。

这样，熬到老舍 7 岁，按常规，他应该上学了。可是，母亲很犯愁，没钱啊。那时，上学是一件多少要点钱的事，母亲早就盘算好了，让小儿子先挎个小篮子上街去卖花生米，做点小买卖。再大一点，就送他去铺店当个学徒，学一门手艺，或许还能养活自己，不致饿死。

恰在此时，小胡同里有了大动静，前呼后拥地来了一位贵人，来找母亲，说是有事相商。来的这位叫刘寿绵，是个黄带子，就是满族的贵族，祖上地位显赫，三代单传，到他这一代，家产中光房产一项，可以相当于西直门大街的半条街。这位公子哥比老舍母亲年轻一些，管她叫"大姐"。老舍的曾祖母曾经服侍过刘家祖上的女主人，还陪同刘家到过云南，所以后代一直保持着一些联系，虽并不密切，但毕竟没有完全忘记。刘寿绵过着绫罗绸缎珍馐美味的生活，但他人并不坏，心眼好，很爱做善事，在街面上有"刘善人"的美称。他有一位女娃娃，和老舍同岁。女娃娃该上学了，他便忽然想起舒家也有一个小男孩该上学了，便前来相助，进门就高声大叫："大姐，我来带您的小孩上学去！"他告诉母亲，一切都不用她操心，他会送来课本，会送来做服装的布料，会带着孩子去学校。原来他办了一间私塾，请了老师，有专门的地方，给自己的孩子和朋友的孩子上课。

就这样，老舍意外地进了学校，走上了一条成为知识分子的路，虽然，前途依然充满荆棘，依然困难重重，但他太喜欢念书了，年纪小小，决心不再离开书本。

果然，第二天，刘大叔拉着他的小手，送他进了私塾。

这间私塾设在离家半里多路的正觉寺，胡同也因寺而得名。当时此处是个道士庙，在其最里进有一座大殿，被辟为刘家的私塾。老舍在这里念了一年书，得到了初级启蒙教育。老舍一辈子都记得刘善人的恩情。后来，刘寿绵真的出了家，当了和尚，把自己全部财产都救济了穷人，成为京城远近闻名的大德高僧，法号"宗月法师"。抗战中期，他圆寂于北平的广济寺。消息传到后方，远在重庆的老舍，立刻写了一篇充满感情的悼念文章。在文章的最后，老舍写道：

"没有他，我也许一辈子也不会入学读书，没有他，我也许永远想不起帮助别人有什么乐趣与意义。他是不是真的成了佛？我不知道。但是，我的确相信他的居心与言行是与佛相似的。我在精神上物质上都受过他的好处，现在我的确愿意他真的成了佛，并且盼望他以佛心引导我向善，正像二十五年前，他拉着我去入私塾那样！

他是宗月大师。"

师范成才

离开私塾之后，老舍又连续上过两个正规小学，最后毕业于位于西直门南草厂的京师第十三小学的高等小学校。考上了位于祖家街的北京第三中学。

恰在此时，爆发了辛亥革命。

辛亥革命对北京的旗人来说，可谓有好有不好。好是结束了封建帝制，也结束了束缚旗人的佐领制度，还他们以自由；不好的是断了他们的生活来源，没有了“铁杆庄稼”，没有官饷钱粮，完全得自谋生路。可是，绝大多数满族旗人是以世代当兵为职业，不会也不允许有其他技术，一旦没有了官饷钱粮便只能干瞪眼挨饿。所以绝大多数满族人在辛亥革命之后一下子就沦为了穷人，落到了社会的最底层。

母亲是个有尊严的老实人。她去当了工友，当了女佣，给学校的女老师打饭帮忙做杂务。可是，她已经完全无力供养她的孩子继续上学读书。

老舍中午下学回家吃饭，掀开锅盖，一看锅里空空如也，不出声，一声不响地扭头便走，空着肚子去上下午的课。姐姐见他脚上穿的布袜子上的补丁已经补到了脚面上，便送给他一双新的袜子。他拒穿，说自己不会和别人去比穿戴，假如比这个自己永远也比不上人家，要比，就比功课。

他的性格极像母亲。他的发小儿同学罗常培曾经这样描写过幼儿时的老舍：“一个小秃儿，天生洒脱，豪放，有劲，把力量蕴蓄在里面而不轻易表现出来，被老师打断了藤教鞭，疼得眼泪在眼睛里乱转，也不肯掉下一滴眼泪珠或讨半句饶。”

在北京三中上了一学期初一的课程，眼看就再也难以为继了。他突然看见报上有北京师范学校招生的广告。

师范学校是辛亥革命前后出现在中国大地上的一件新鲜事，其目的是培养新型的小学师资，课程设置完全是效仿日本的师范中等学校，也就是说，除了国文还有古典的汉语之外，其他一切课程都是参考西洋和东洋的教材，一句话，师范就是洋学堂，是中国教育向现代化迈出的第一步，而且着眼于中小学基础教育，由儿童抓起。

最打动老舍的是，师范学校的一切都是免费的，全部公费，由国家包起来，管吃管住管穿管学费管分配，正像老百姓所说：“师范师范白吃饭。”

招生 50 名。消息传出，一下子报名了 1000 人，凭考试成绩择优录取。老舍没跟母亲商量就报了名，考了试。到发榜的时候，他榜上有名，这个时候，他才对母亲说他考上了北京师范。他和母亲都很高兴，他高兴的是，他可以继续上学了，可以继续念书，可以不离开学校了；母亲高兴的是，终于可以不再为儿子的学费而发愁了。

这时是 1913 年的年初。考上师范学校是辛亥革命带给老舍的头一件礼物，完全改变了他的人生命运。

他搬到学校去住宿，从此，他离开了那个穷苦的家，除了短暂地看望母亲之外，再也没有回来长住过，这一年，他刚满 14 岁。

入到班里，他才发现，班上的同学大多是河北各地的孩子，口音都很重，真正的北京孩子倒很少，原因是乡间的孩子功课扎实，成绩较好，人又都本分老实。

当时师范学校的师资力量非常强，校长和语文老师都是国学宗师，后来大学数量多了以后都晋升为有名的大学校长和教授。教员中许多人是留学生。学校的硬件也很齐备，有中西结合风格的现代校舍，有理化生物实验室，有大图书馆，有劳作室，有风琴，有洋鼓洋号，还有真枪实弹可供军事演习。学生每人都发呢子制服和呢大衣，发皮靴，发帽子。学校的校制是一年预科，四年本科。学习的课程很齐全，也很现代，包括博物学中的动物学、植物学和矿物学，还有心理学、教育学，学生一律要学英语。老舍这一届是北京师范学校的第一届科班学生，学到 1918 年正式毕业。更神奇的是，老舍的下两届同学，毕业前居然全班开赴日本去实习。

据统计，一百年前师范学校在全国各重要城市同时兴建了一大批，培养了上万名人才，其中许多人成为各行各业的骨干，还涌现了一批名人和巨匠，其中湖南的毛泽东、北京的老舍最有代表性，而老师中鲁迅先生则是其中最负名望的。

老舍在校时，北京师范学校的校长先后有两位，方还先生和陆先生，都是大教育家。他们爱学生如亲子。老舍受他们的影响很大。老舍先生后来一辈子总在自己的书桌上方悬挂着方还校长的题字，可见他对方还校长的尊敬和爱戴。

老舍在 1949 年以前，一直不提自己的满族出身。他曾对好友吴组缃先生私下说，他羞于承认自己是旗人，是满族人。他的这个特点带着浓郁的辛亥革命色彩，他为清朝末年的满族统治者的无能和腐败，

委任令

第二一號
七月十八日

令舒慶春

茲派舒慶春爲京師公立第十七高等小學校兼國民學校校長此令

1918年京师学务局的委任令。

北京師範學校 畢業學生肆拾貳名

姓名	年歲	籍貫	入校年月	畢業年月	畢業總平均分數	備注
屈震騫	二一	直隸定縣	民國二年八月	七年六月	捌拾玖分陸陸	
楊金垚	二一	直隸蠡縣	民國二年八月	七年六月	捌拾柒分柒肆	
關桐華	二一	京兆大興縣	民國二年八月	七年六月	捌拾柒分伍捌	
張世銓	二〇	直隸定興縣	民國二年八月	七年六月	捌拾伍分捌玖	
舒慶春	二一	京兆宛平縣	民國二年八月	七年六月	捌拾伍分柒捌	

老舍在师范学校毕业时，按成绩总平均分数排名第五。

以及对外的屈服和软弱感到羞辱，不愿意承认和他们是同族。后来，溥仪对日本的投降和卖国更使他气愤和伤心，愈发不愿意明说自己的族籍。这种心态直到他 1949 年底从美国回来后，特别是听了毛主席和周总理亲口对他说满族是一个了不起的优秀民族，康熙大帝是个非常杰出的皇帝，在确定中国版图上、在建立统一战线政策上、在民族团结上都有不可估量的贡献，对历史有极大的推动作用，对今天也有深远的影响，这之后，老舍先生的态度才逐渐地有了转变，而且最后终于以作为满族的代表而自豪，在作品中，如在小说《正红旗下》里，开始正面地描写满族人，以至小说《正红旗下》不仅成为他的代表作之一，还被誉为中国当代少数民族文学最辉煌的杰作之一。

老舍先生在自己的散文中曾经动情地描述过他刚上北京师范学校时的情景。那一年因为刚改为公元纪时，春节不放假，他在除夕回家探母时，不得不对母亲说，待一会儿还得赶回学校，不能陪母亲一起过年。出了门，他走在回师范学校的路上，两眼完全看不到周围的热闹景象，而是充满了泪水，心中只惦念着自己孤独的老母。及至走到校门，学监正在门口等他，亲切地对他说，你还是回去吧。他听了此话，狂奔到家。进了家门，看见母亲一个人正对着小红蜡烛发愣。母亲见到儿子又回来了，非常高兴，站起来从衣兜里掏出一个小草纸包，里面包了一点杂拌儿，说：“小子，拿着，刚才忘了给你。”

5 年之后，老舍以总成绩第 5 名的成绩毕业于北京师范学校，直接分配到京师第十七小学校去当校长，那一年他 19 岁。他对母亲说：“您现在可以歇一歇了。”母亲的回答是一串一串的眼泪。

老舍的婚事

1918 年夏，老舍师范毕业，直接被任命为北京第十七小学校长，这是他长到 19 岁以来的最光荣的事，他对母亲说：“从今以后，您可以歇一歇了，我来养活您！”

老舍把全部精力都投到整顿学校之中。两年之后，他被晋升为北郊劝学员，专管改造北城郊外的全部私塾。

母亲感到十分欣慰。小儿子终于挑起了大梁。一家人的生活，包括老舍哥哥的一大家人，老舍全包了下来。

母亲一高兴不要紧，马上想到要给小儿子说个媳妇。他已经 21 岁，该成家立业了。

母亲替老舍物色了一位姑娘，是母亲结拜姊妹的闺女，长得相当好看，虽说是个文盲，母亲认为十分合适。对方的父母也是一说就成，于是，母亲毫不迟疑地放了定礼，决定娶这位美人儿过门。

把这一切全办妥之后，母亲才向小儿子说明，心里十分的痛快。

老舍，翻了车，坚决不干！

那时，老舍心中已有了一点点爱情的萌芽，是一次模模糊糊的纯洁的初恋。姑娘就是大富豪刘大人的大女儿。

由于生活所迫，在老舍上学的时候，母亲曾到刘大人的宅内帮工。少年老舍跟母亲到刘宅的大院子去过不止一次，在那儿见过这位少女，不过没有说过话。一位是世家望族的千金，一位是女佣的儿子，地位差别太悬殊。这位小姐恬静庄重，性格温柔，十分可人。老舍暗暗地喜欢上她。每次见面，都使他心跳半天！当了劝学员之后，老舍曾帮刘善人办过贫儿学校，就在刘宅的西跨院。小姐也在贫儿学校教书。这使他们有了较多的见面机会。可是，他们从未单独谈过什么。

老舍并未对母亲说过这事，尽管他和姑娘彼此都有爱慕之意，但老舍清楚地意识到：他们之间有一堵不可逾越的高墙。

不过，不管有没有这个刘姑娘，老舍和自己的母亲摊了牌：退掉这个婚事！

母亲执意不肯。这么做，岂不使那位美人儿蒙受奇耻。小儿子咬了牙，说了一句对母亲、对自己都扎心的绝话："您要是不退，我，我就不再养活您！"

老舍请大姐、二姐帮忙把婚事退掉。两位尴尬的使者说了一车好话，赔了不知道多少不是，还下了跪，磕了头，总算推翻了婚事。

为了退婚，老舍伤了母亲的心。他许久不敢回家，无脸去见母亲，整天丢了魂似的满城乱转。

一天他不知怎么走回家的，进了门，一头栽倒在炕上。他大病了一场。病，使母亲原谅了儿子。面对不省人事的儿子，她又不知落了多少慈母泪。

这次退婚的决定，使他逃脱了一个或许一辈子都没有爱情的结合，逃脱了《离婚》里老李式的家庭悲剧。尽管差点要了他的命。

巴金的家和老舍的小羊圈

5 年前，利用一个开会的机会，我曾在成都寻访过巴金旧居的遗址。一位管房的负责人指着院里几栋相当不好看的宿舍楼对我说：巴金旧居的房早已拆除，大花园也荡然无存。

“难道一点遗迹没留吗？”

“现在只剩下旁边的一座小院没拆。”

我详细地看了这座小院，位置确实不在通过大门的中心线上，格局却很像北京的四合院，方方正正，院子不大，甬路方砖上长满了青苔，两棵直直的棕榈树栽在甬路两旁，树冠高出房脊很多，房屋相当整齐，讲究，高大，房前都有石阶，透过玻璃能瞧见地上铺设的木地板，倒是像个大宅门中的组成部分。

“那么，这院子不再拆了吧？”

“不拆了，我们已经做了保护它的决定。”

绕出小院，举目四望，再也找不到更多的老式房屋。我辞谢了管理员，默默地向街门走去，心里揣度着：也许，这儿曾有过假山？这儿栽过桂树和茶花？这儿该是鸣凤那样的“下等人”的住房吧？这儿是老太爷堂屋的旧址？这儿是昔日的天井？二门？大门？还有那一对永远沉默的石狮？

实际上，什么都没有了。

在大门口，不论是小说里像怪兽的大口似的高公馆的大门洞，还是巴金先生保存的照片里的老家“怡卢”那称得上非常雄伟的大门楼，都毫无踪影，只有一根雕花的残缺石柱躺在街道对面的屋檐下。它大概是这儿曾经有过门楼的唯一的见证。像一个未打完的惊叹号，这根雕花石柱在我脑海里留下了永远难忘的一笔：文明古国的后人啊，难道，我们就不懂得珍视自己的文化？！

我回到北京后，正好巴金先生来到北京，罗荪在致美楼设宴聚会，出席的还有曹禺、荒煤、欧阳山、唐弢、胡絜青等。我有机会坐在巴金先生的旁边，便向他询问起成都旧居的事。

“您原来的家是在北门和文殊院附近的正通顺街上吗？”

“是的，是的，原来是21号。”

“现在是98号，街西口有一家‘郭汤圆’店。”

“这倒不知道，从前没有。”

“后来，您回去过吗？”

“1953年回去过一次，变化不大。1961年回去时已被占用，我没敢进去，只在门口照了一张相。”

我详细地向巴金先生讲述了我的寻访，先生听得很仔细，不时地把我讲的和他记忆中的加以对照，插话道：“没有棕榈树”，“没有地板”。他告诉我：老家原有四个套院，还有两个玻璃房。我开始怀疑起来，我见到的唯一剩存的小院大概并不是先生说的四个套院之一。

轮到先生急迫地发问了：

“还有井吗？”

“没有。”

“还有石狮吗？”

“没有。”

听了我的回答，先生不再问了。我也不敢再说下去。我呆呆地看着他那黯然失望的面孔，突然感到有一股沮丧和悲伤之情袭上心头。我懊悔起来，或许我不该向他说起这一切。

我珍视那旧居，觉得它有很重的分量，因为它有双重的意义。其一，它是巴金先生的诞生地，是他的老家，他在这里生活到19岁才离开，度过了自己的童年、少年和青年的岁月。其二，它进了一部不朽名著，成为巴金先生代表作《家》的地理背景的蓝本，这一条使这个旧居的身价倍增。

可是，它——这个双料的“家”，价值无穷的“家”，天然的博物馆和难得的好课堂——竟被拆除了，实在是令人惋惜。

大约就在我去成都之前一年，在北京，我找到了另一个“家”，这个“家”是老舍先生幼年的家，也是他笔下的主人公的家的蓝本。和成都巴金先生那个家相比，建筑规格虽很悬殊，但其内含的意义竟是如此相像，简直是一对孪生兄弟。

它们——成都正通顺街98号和北京小杨家胡同8号——同样都是作家的诞生地和度过青少年时代的故居。

它们——在《家》和《四世同堂》里——都被当作地理背景的蓝本描写过，前者成了觉新、觉民、觉慧的家，后者成了瑞宣、瑞丰、瑞全的家。

护国寺小杨家胡同以前叫“小羊圈”，不仅是8号一个门，整个小羊圈胡同都被老舍先生写进了《四世同堂》。更有甚者，小羊圈故居作为文学作品的故事发生地不仅在《四世同堂》中出现过，在老舍先生另外两部未完的长篇小说《正红旗下》和《小人物自述》中也出现过，而且一点不比《四世同堂》中出现得少。

一所小房，在三部著作中出现，其中两部是作家的名著和代表作，这极难得。更难得的是，这所小房，今天依然还在！

人们可以抱着《四世同堂》《正红旗下》《小人物自述》去察看，尽管写作背景不同，写作年代不同，笔墨不同，但写的是同一所房、同一个院。书中所写的和现实存在的实物竟是如此相似，甚至完全一致，以至爱激动的读者会情不自禁地叫起来，现实主义的真实细节再也不会找到更精彩的例子了！

“小羊圈”其貌不扬，确切地说，相当丑、又小又破，如果以逛故宫的心情去看它，难免大失所望，从建筑学的角度，也不会认为有任何的保存价值。它和成都的“家”完全是属于两个不同的建筑类型。但“小羊圈”的丑、小、破，可能恰恰是它的价值之所在。只要稍加修整，恢复原貌,便能一目了然:老年间北京的中下等人的家原来是这个样子。从这个意义上讲，这儿不但是祁老人的家，也是《月牙儿》里母女的家，也是《我这一辈子》中穷巡警的家，它的邻居说不定就是祥子和《茶馆》的王老掌柜，总之，这儿是各行各业里小人物的家。

巴金先生在重印《家》时曾经说过：高老太爷的鬼魂还在“徘徊”，觉慧那样的燃烧的心和永不衰竭的热情依然需要。同样的，“小羊圈”引起的见景生情和反思，又怎能不激励人们深深地珍惜今天的时日，发愤地去创造美好的未来呢?

后来，由成都传来了要重建巴金旧居的消息，我特地向李小林同志核实，她说有此传闻，但巴金先生自己的意思是：拆了的不必重建，留下的可以考虑保存。他指的大概是那仅存的小院吧。我倒是觉得，把巴金先生这个意思放在“小羊圈”身上却非常及时。把它保留下来，也许人们一看见那花门楼，就自然而然地想起祁老爷让老大和老三用装满砖头的破缸顶上街门，预言出不了三个月就会天下太平的故事，而这个故事的深刻含意，大概是要告诉人们，在古老的文化遗产之中，我们应该保存什么，铲除什么。

不久，我得到一个确切的消息，北京市西城区文物局已向区长打报告，建议将小羊圈胡同确定为区的重点文物保护单位而加以永远保留。我的心，要飞上天！我盼着这个计划早日获得批准。

老舍和『人艺』

“人艺”在老舍先生的生活中占据着重要位置，老舍先生在“人艺”的历史上也占据着重要位置。谈“人艺”离不开老舍，谈老舍也离不开“人艺”。

“人艺”上演过老舍先生的六出戏：《龙须沟》《青年突击队》《春华秋实》《红大院》《女店员》和《茶馆》。他还为“人艺”写过话剧《一家代表》和《骆驼祥子》(下集)。在这两出戏中前者是写完了，也排演完了，只是没能上演；后者则是开始写了，而没能写完，此外，“人艺”还上演了根据老舍名著改编的话剧《骆驼祥子》。这么算起来，一共是9部作品把老舍先生和“人艺”联系在一起，9部，这对“人艺”和老舍，都是创纪录的，就是在中国话剧史上，也是值得骄傲的纪录。

解放后，老舍先生一共在北京生活了16年，除去最后3年，由于整个文艺政策上的偏差，使他的话剧创作受阻，也中断了他和“人艺”的合作，在前13年里，几乎每隔一年“人艺”就上演老舍的一出新戏。

对他们双方来说，这 13 年是愉快的 13 年，出成果的 13 年，令人羡慕的 13 年，黄金的 13 年。

如果说，在国外的话剧史上，可以找到不少名作家和名剧院合作的范例，像莫里哀和法兰西喜剧院，契诃夫和莫斯科话剧院，那么，在中国，自从有了郭沫若、老舍、曹禺和“人艺”的合作之后，也可以骄傲地填上几例同类的合作，而老舍和“人艺”的合作，从各个角度上看，都可以成为这种合作的杰出的代表者。

这种合作，是真正的合作。或是剧院先出题，定货，老舍接受任务，或是老舍主动写了交给“人艺”演出。老舍先生的旺盛创作激情使他的脑子里装了许多新题材，常常欲罢不能，因此，和“人艺”的同志们往往一拍即合。根据他自己的经验，他能断定，某个戏非“人艺”演不成。

合作的第一个阶段是准备阶段。剧院先出几个人，帮助老舍跑参考资料，寻找访问对象，定期向他汇报所见所闻。找到了对路子的访问对象，便领着他去参观访问，让他亲自去看看和谈谈。有时，还要组织座谈会。在此阶段中，老舍多半在家中看材料，集中精力构思人物和故事。

第二阶段，是写作阶段。老舍每天在家中写作，进入紧张的脑力劳动过程。每写出一幕，必打电话给剧院，通知剧院：“有几个人呀，听听！”或者，面更大一点，他自己到剧院去朗诵。朗诵完了，接下来必有讨论会，大家七嘴八舌，由老舍去修改，取舍权可全在老舍，并不是有话必听有话必改。对以后的修改稿的每一稿也都要按此程序循环一遍，老舍遇到他不愿意接受的修改意见，他会幽默地说：“我写的是柳树，不是黄花鱼！”大家哈哈一笑，也就过去了。老舍管这种写作方式叫“民主剧本”，按他的话说：“我欢迎大家提意见，以便修改得更好一些。”这是老舍久已追求的写作方式。他主张：文章不怕多修改。因为多征求意见、多改，才能出好活儿。“当然，修改是相当麻烦的，可是，要不怕麻烦，麻烦便带来乐趣。”

剧本完成之后，该进入排演阶段。此时，轮到剧院频繁地征求老舍的意见了。“您瞧，这个角儿谁演最合适？”老舍先生倒也爽快，或者答：“你们瞧着办吧！”或者胸有成竹地说：“这个角色非某某人不可！”接下来是，某日某时，请老舍先生为全体演员朗诵剧本。这种日子，往往成为剧院的节日。大家把听老舍先生的朗诵当成一种艺术享受，当然，也希望从中找到一些表演上和念词上的窍门和启示。“人艺”的几个大导演很尊重老舍先生，老舍也尊重他们。他说：“是杀是砍，交给您喽，台上怎么合适，就怎么办吧！”话剧《龙须沟》上演时，导演焦菊隐保留了老舍的全部人物、全部故事情节，但在结构上做了大调整，有时删一点或加一点对话及穿插。老舍客气地表示：“我出版一本文学脚本，你们出版一本演出脚本，好不好？”后来，真的出版了两本。读者和研究者们可以从比较中看出焦导演的高妙手法，老舍称这种手法为“点石成金”的手法，在排演的日子里，“人艺”的演员们常常来请教老舍先生，征求他对表演的意见，老舍的评语往往是纯老舍式的幽默：“二姑娘说话跟吃崩豆似的——太快！”“您呀，有工夫可以念念我的《四世同堂》。”“您表演时阳刚别太甚了，阴柔要多一点。”“这回就这么着了，您等着，下回我专为您写一个角色，一准演着过瘾。”“您演得还不够‘坏’，不过，您千万别去演那个‘坏’。”……有的时候，老舍先生还亲自表演给演员看：应该怎样揉沙眼，应该怎样请安。在排演过程中，老舍最爱听演员们谈体验生活的见闻。演员们谈得津津乐道，老舍听得兴致勃勃。老舍很重视演员们这个时候提出的建议。他说：多跟内行谈谈，能使我多掌握一些舞台技巧。《茶馆》的幕间数来宝，便是剧院的同志们建议老舍加的。他欣然从命，很快就把大傻杨的快板词编好交给导演，收到了极好的效果。老舍和焦菊隐都很得意这一招。《茶馆》第一幕的最后一句台词原来是庞太监的话，“我要活的，不要死的(怪笑，落幕)。”排演时改为下棋的一位茶客的一声高叫：“将，你完了(哈哈大笑，落幕)。”老舍认为这样的结尾效果和寓意极佳，便把“将，你完了”也收到自己的文学本中，并称赞这个“将”改得好，是“一字师”。

剧本正式上演之后，老舍和剧院对观众的意见极为重视，对领导同志们的意见也极为重视，经常根据这些意见不断地完善剧本和表演，还要写文章总结自己的得失。这是剧本的完善阶段和定型阶段。使老舍先生高兴的是，拉车的，卖菜的，乃至街道上的老大娘小媳妇都看懂了他的戏，都爱看他的戏。跟普通观众聊天是他的一大乐趣。常有这样的时候：聊着聊着，他又和“人艺”的同志们挤上了眼睛：咱们再写一个女售货员的戏吧。于是，下一个合作又开始了。

我有幸参加过几次有“人艺”演员和导演参加的座谈会，他们一提到老舍先生，便滔滔不绝，眉飞色舞，争抢着互相插话补充，脸上带着泪花，带着欢笑。看着他们谈话的表情，听着他们回忆的数不清的故事，一种羡慕和钦佩之情会油然而生，因为老舍和“人艺”的合作是一种互相尊重、互相信赖、互相学习、互相支持的关系，这里融会着友情、崇敬、体贴、关切，对创新的追求，对新高度的渴望和探索。它是“文人相亲”的最好象征，是纯洁美好的感情和情操的丰碑。

在短短的30年里，由于“人艺”和几位最杰出的当代剧作家建立了卓有成效的合作关系，由于“人艺”的几位大导演非凡的创造性的劳动，由于人艺全体演员和舞台工作者为艺术而献身的艰苦努力，“人艺”终于登上了四个辉煌的台阶。

第一台阶：“人艺”造就出了整整一代出类拔萃的表演艺术家，他们的演出形成了自己独特的“人艺”演出风格。

第二台阶，“人艺”上演了一批能载入中国话剧史册的名戏，把中国话剧水平推上了一个新的高度。

第三台阶：“人艺”使中国话剧首次登上世界舞台，丰富了世界话剧宝库。

第四台阶：“人艺”获得了一种公认的显赫地位，有的戏只有“人艺”能演，这是一种特殊的本领，因而享有崇高的荣誉。

不能说，老舍先生对这四个台阶的攀登都有决定性的影响，但是，老舍的足迹在这四个台阶上是完全清晰可见的。

因此，在“人艺”的财富中，“老舍和‘人艺’”这五个字和它们的一切内涵和外延，无疑，是很令人回味的。

老舍『四大皆空』的日子

老舍是喜欢书的，喜欢读书，也喜欢买书和藏书。

早在英国的时候，他缩衣节食，省出钱来，买了包括莎士比亚原版全集在内的不少书，以致长期挨饿，得了胃下垂。

可是，日本军国主义 1937 年发动的侵略战争让他成了无书的人。辛辛苦苦积累起来的图书全部丧失掉，让他十分伤心，从此不敢再存书。

“七七” 事变之后，由于形势紧张，8 月 13 日老舍只身由青岛退到济南，两天后，夫人和 3 个孩子也来到济南，住进齐鲁大学，但书籍、行李和家具全剩在了青岛，遂托挚友想办法日后送到济南。9 月初大学开学，但开学没多久即停课，教师和学生几乎走光。等到 11 月 15 日，守军主动炸毁黄河铁桥，黄昏时老舍提起小箱子赶到车站，经朋友帮忙，由车窗中挤进最后一趟离开济南的火车，同车厢中撤退的士兵，逃到武汉，开始了流亡生活，而家属则留在济南。

家中所存杂志有 4 大筐之多，由青岛逃出之前，为了减轻累赘，全部卖掉，仅得40个铜板。火炉、小孩的卧车，和老舍全部的刀枪剑戟全部扔掉。主要家具和书籍全由铁路上的朋友送到了济南。老舍先生将自己的书籍、字画，全部打了箱，寄存在齐鲁大学图书馆里。

一年之后，夫人和孩子离开了已经沦陷的济南，由娘家嫂子接回北平，家具等大件又全部扔掉。这次最惨重的损失是书籍、字画和书信。书籍和字画当时仍存在图书馆，后来齐大成了日本人的兵营，连校内地上的青草都被日本军马啃光了。那些书籍、字画最终下落不明，彻底遗失了。书信，其中包括老舍和胡絜青的早年情书100余封，被夫人临走时藏在齐大校园内长柏路二号楼下的大洋铁炉子，最后也是不知所终。

从此，老舍除了和家人5条人命之外，一无所有，成了“四大皆空”的人。

1943年，老舍3个孩子已经分别长到10、8、6岁，可以自己行动了，由妈妈胡絜青和一名跟家人一样的女佣陈妈带领，千辛万苦，走了50多天，徒步横穿河南，逃出了沦陷区，来到大后方重庆和老舍团聚。

这时，老舍住在重庆郊外北碚镇。据我的回忆，当时在他身旁的确没有发现任何书籍。房中倒是有一架竹制简易书架，可惜，上面空空如也。此时，他已下定决心，不再存书，免得日后损失了伤心，书还是由公众图书馆去保存吧。

那时，国立编译馆就位于我们住房的附近。那是一座负责编写全国中小学教材的权威机构，有内部图书室。胡絜青先生来到北碚不久，就当了国立编译馆的馆员，分派到通俗读物编研部工作。梁实秋先生当时在该馆供职，王老向先生则是胡絜青顶头上司。萧伯青、萧亦五、席征庸等先生都是她的同组同事。虽然北碚在卢作孚、卢子英伯仲二人的倡导和支持下拥有一座很像样子的公共图书馆，但老舍从未从那里借阅过书籍。我想，他大概都是托朋友们替他在编译馆图书室解决借阅，如果有什么书籍要参考的话。

有一个时期，老舍先生借阅了一些英文书来看，白天在写作的空隙之间大声地朗读。大声朗读英文，这本是他的一种习惯，以后也一直维持着。晚上，等到孩子们下了课，两位姓萧的朋友也下了班，吃了晚饭，围坐在院中，由老舍先生宣讲英文小说中的故事，像说书一样，绘声绘色，十分生动。讲累了，便“且听下回分解，明日再讲”。这样的故事会持续了很长时间。这个时候，正是老舍先生创作《四世同堂》第一部的时候。我记得那部英文书的故事是描写战争的，大概是有关第二次世界大战的最新的美国小说。我猜想，阅读这些书的本意并非全是消遣，和他正在进行的抗战文学的创作可能间接有点关系。

老舍先生倡导念书，尤其是外文书，哪怕是完全无关的书；写累了，念一念，换换脑子，是一种休息，偶尔还会有意外的启发，产生新的灵感，一个解决难题的契机说不定就此诞生，总比想不出好词愣想愣憋更好一些。

老舍先生本来是教书匠，在抗战前，在大学教书是要写讲义的。只见他整天坐在图书馆里埋头备课，阅读了大量参考书，做过大量笔记，只在假期才进行小说创作。他的一部《文学概论讲义》，居然引用了一百四十多位古今中外学者、作家的论述、作品和观点。就是后来不教书了，他依然保留了摘记笔记的习惯。

他的笔记有两种，一种是对景物的观察记录，尤其是早期，记得很勤，日积月累，常常成为他日后创作的素材；另一种是读书笔记。

随着年纪的增长，笔记记得越来越少了，但阅读习惯一直保持着，直至晚年。

“四大皆空”的局面一直维持到上世纪50年代初。条件改善之后，尤其是有了自己的小院子，老舍先生又开始买书和藏书了，虽然不如以前那么踊跃，多半是只买那些对他的创作有直接参考价值的，譬如记述义和团的历史书。

60年代初新版《鲁迅全集》问世时，老舍先生曾派孩子在第一时间到王府井新华书店去排队，抢购了一套精装本，充当自己的镇宅之宝，并把周恩来总理在1949年第一次文代会时委派诸多文学家联名写的邀请信藏在《鲁迅全集》的某一卷中，那封信是盛情邀请老舍先生回国的。此举，像这封信自身一样，标志着一个新时期的开始，也为结束“四大皆空”画了一个圆美的句号。

齐白石和老舍、胡絜青

在近代文人中，老舍、胡絜青夫妇和齐白石老人的交往是非常漂亮的一段佳话，有不少精彩的故事，很值得一记。

老舍先生1930年由英国教书回来后，应聘到山东济南的齐鲁大学教书。这时他新婚不久，组成了一个幸福美满的小家庭。1933年得长女舒济。

他的自述中曾这么写过：

从民国十九年七月到二十三年秋，我整整地在济南住过四载。在那里，我有了第一个小孩，即起名为“济”。在那里，我交了不少的朋友；不论什么时候从那里过，总有人笑脸地招呼我；无论我从何处去，那里总有人惦念我。在那里，我写了《大明湖》、《猫城记》、《离婚》、《牛天赐传》和收在《赶集》里的那十几个短篇。在那里，我努力地创作，快活地休息……四年虽短，但是一气住下来，于是事与事的联系，人与人的交往，快乐与悲苦的代换，更明显地在一生里自成一段落，深深地印画在我心中；时短情长，济南就成了我的第二故乡。

为这段美好的生活添彩的还有一张齐白石老人的《雏鸡图》。这张《雏鸡图》和舒济同庚，至今也有 78 岁了。每当张挂这张画的时候，夫妇都不忘说这么一句：“这是生小济那年求来的。”仿佛是为庆祝小济降生而专门求来的一件礼物。

那时，老舍的好友许地山先生也已由英国归来，住在北京西城，离齐老人住的西城跨车胡同不远，而且和齐老人过往甚密。于是老舍写信求许地山先生代为向齐老人索画，当然要照章付费。画好后邮到济南，打开一看，竟是一张精品。《雏鸡图》齐老人画过不止一张，但这一张却不同寻常，不论怎么看，都是一张杰作。画幅相当长，裱好之后矮一点的房子竟挂不下。画的右上角是一个鸡笼，笼的构图立体感很强。笼盖刚刚打开，一群小绒鸡飞奔而出，跳满整个画面。笼内还剩一只，在打蔫，另一只则刚醒过来，张开小翅膀，飞着就出来了，唯恐落了后；有一只因为距离较远，体型较小，完全合乎比例。其余的，十多只，体态各异，正的，侧的，右侧的，左侧的，朝前的，朝后的，有的耍单，有的三五成群，疏密错落有致，整个画面极为协调。此时，齐老人七十多岁，正是他变法之后的鼎盛期，画作完全形成了自己的风格，既注重墨色的变化，又在体裁上努力出新，小鸡和虾蟹成了他的拿手独创，和大白菜大萝卜一起都成了齐白石名片一样的标志物。这张《雏鸡图》恰是这一时期的代表作。

老舍夫妇如获至宝，从此，这张画便跟随他们一生，由济南带到青岛，又到北平，又到重庆北碚，最后又回到北京。每年过年过节才拿出来悬挂几天。

夫人胡絜青1943年带着3个孩子由沦陷的北平出逃，辗转50余天，到了重庆北碚，和老舍先生团聚。她带来了这张《雏鸡图》。还有一张她自己在北平时得来的齐老人的《虾蟹图》。在北平时，她隐名埋姓，以在师大女附中教书为生。师大女附中在西城辟才胡同，和跨车胡同也很近。经过朋友介绍胡絜青认识了齐老人。当时，齐老人的几个大儿子准备上辅仁大学，需要找一位补课的语文老师帮助复习功课，遂找到了胡先生。为了答谢胡先生，齐老人画了一张虾和一张蟹作为酬礼。是两个斗方，一上一下可以装裱成一幅长轴。于是，这张《虾蟹图》和《雏鸡图》便同时出现在老舍在重庆北碚蔡锷路的斗室里，立刻蓬荜生辉，而且使消息不胫而走，传到重庆竟成了“老舍夫人带来了一箱子齐白石画”“老舍成了富翁”等等。

新中国成立之后，老舍先生由美国回到故乡北京，在东城丰盛胡同10号买了一所小院，由1950年3月起在这里定居。小院由前后两个院子组成，里院是主院，呈三合院的格局，北屋正厅西边两间是客厅，西耳房是老舍先生自己的书房兼卧室，北屋正厅的东边一间是夫人的工作间兼卧室。东耳房是洗漱间和厕所，装有马桶。经过改造，西耳房得到扩充，将西耳房和西房之间的小天井加了棚顶，成了老舍先生放书桌和书柜的地方。他的剧作都是在这里完成的，包括《龙须沟》和《茶馆》。客厅的西墙专门挂画，一溜可以并排挂四张画轴，经常更换。

夫人胡絜青是个新式职业妇女，毕业于北京师大，是那个时代为数不多的有大学学历的女知识分子，婚后也教书，一直由中学教到大学，有副教授的职称。回到北京后老舍希望她不要再外出工作了，一是主持家务，二是帮他抄抄写写。胡先生也的确这么在家里待了一段时间，但终究不甘于光待在家里，时代的召唤让她再度萌生到外面工作的欲望，她便参加了妇女学习班，又参加了国画研习会，慢慢地接触了一批画家，对绘画产生了浓厚的兴趣，强烈地渴望成为一名画家。她性格沉静，有坚韧不拔的刻苦精神，加上天资聪慧，又有较高的文化修养，渐渐在北京美术界成了一名活跃的习作者，还当了业余画家的小组长。

她又成了齐白石先生的座上客。此时，老舍先生担任了北京文联主席，又是全国政协委员和全国文联副主席，有机会和齐白石先生相识，还在各种文艺集会上经常相遇，而且一见如故。于是，老舍夫妇常常结伴而行，双双频频出入于齐老人的府上，也购得了不少齐老人的作品。老舍画墙上多的就算是齐白石老人的作品了。

1951 年的某日，文艺界的朋友们又聚会于齐老人的画室，胡絜青当众表示非常愿意向齐老人学画。朋友们一齐高喊，那就拜师吧。按着她向齐老人行跪拜礼。就这样，胡絜青成了给齐老人磕头的正式女徒弟。以后她每星期定期去齐家两次正式学画。她的进步非常快，她的习作频频得到齐老人的夸奖，很快就成了齐老人的得意门徒。齐老人常常委任她和郭秀仪（黄琪翔夫人）两位得意女门徒去替他办一些重要的私事，诸如把家中存款换成新币等等。在庆贺齐老人 90 大寿的盛大典礼上，胡絜青寸步不离地陪同在老人身旁，并替他致答谢词，成了老人的代言人。

由于有这层关系，老舍先生也经常光顾齐老人的画室，对老人的艺术有了更近一步的了解，也越来越喜欢他的作品。

他开始刻意收藏齐老人的佳作，由荣宝斋，由和平画店，也亲自向齐老人当场求画，当然都是照价付费。当时，齐老人的画价比别人都高一些，但合情合理，绝不漫天要价，是真正的公平交易，物有所值，又让一般民众买得起，承受得了。不过，老舍先生很客气，总要多付一些。

把自己最好的作品赠送给要好的朋友，是大艺术家优良传统做法，毫无商业利益的考虑，是文人纯洁高尚友谊的纽带，是彼此爱戴和寻找知音的途径，是真情实意的直接表达，是人间情谊的最高象征和最终凝固。

此后，齐白石老人有时也主动向老舍先生赠画，都是他的得意之作，如《雨耕图》《寒鸦枯木图》，这两张画被老舍先生装了镜框，长期悬挂在客厅里。

老舍先生差不多每隔半个月就更换一次“老舍画墙”上的画轴，宛如办展览。他自己常常利用写作间隙的休息时间对着这些画仔细观察，有时一看就是二三十分钟。每当作家朋友们来访，在谈话之余，如有机会，他都刻意请这些朋友们赏画，而且把自己的赏画心得一一道出，引起作家们很大的兴趣，有人还因此而得到不少美术上的启发，甚至启蒙。渐渐地，作家们，特别是较年轻者，纷纷求老舍先生也为他们选购一些美术作品，譬如齐白石的，以便装点自己的墙壁。老舍先生对这种请求欣然接受，很高兴地带着他们去逛荣宝斋或者和平画店，而且当场拍板，说“您就买这幅”。来人不解，觉得不就是一张齐老人的虾蟹嘛，并没什么特别，老舍先生抿着嘴小声地说：“您瞧，这只虾蟹画了五条脚，是‘错票’，更值钱。”大家哄堂大笑，掏钱购得五条脚的虾蟹，凯旋而归。

齐老人出身劳苦农家，一辈子勤俭，平日粗茶淡饭，吃得很清淡。胡絜青先生习画时就近能详尽地观察到，因此去齐家时隔三差五总要带点好吃的“进贡”，比如新鲜的河虾蟹之类。老人吃得很开心，像孩子一样高兴。得此经验，老舍夫妇便经常约上吴祖光新凤霞夫妇，诗人艾青等人宴请齐老人。有一次在东安市场楼上森隆饭馆为齐老人祝寿，共有三四桌客人，齐老人等坐主桌，坐末席的是裱画师刘金涛师傅和三轮车工人等随从人员。刘金涛忽听旁边的人提醒他：“说你哪！”只听得老舍站在主桌旁大声地说：“我提议，请大家为工人阶级刘金涛师傅敬一杯酒！”齐老人也笑眯眯地点头，举杯敬酒，其乐融融。

老舍先生也常常掏钱在画店里购买一些齐老人的画作当“蓄备”，有画轴，有扇面，有册页，总有几十种之多，为的是作为礼物送人，比如，某同事乔迁新居，某小伙结婚，某朋友远行，他都要亲自登门祝贺，掏出来的礼物是一张齐白石的画。

胡絜青的画大有长进，后来正式加入了北京中国画院。齐老人有个习惯，爱在徒弟们的习作画上题词，写些嘉奖鼓励的热情言语，胡先生就经常携得这样的褒奖回家，不无得意地展示给老舍看，比如在一张藤萝习画上老人有这样的题字：“此幅乃絜青女弟之作非寻常画手所为九十二白石题字。”对这样的表扬，老舍先生自然也跟着高兴，有时还对外宣传，最后，连周总理也知道了。周总理居然有好几次当面表扬了胡絜青。在人民出版社 1984 年版的《周恩来选集》下卷第 318 页上有以下的记载：周总理在 1961 年 6 月 10 日的讲话中谈到“老舍夫人是一位画家，中年学画，拜齐白石为师，现在和陈半丁、于非庵等画家合作绘巨幅的国画”。

老舍先生的毛笔字写得很漂亮。他平时也把写毛笔字当成一种休息方式和生活乐趣。除了自己写诗写字之外，他后来也很愿意在胡絜青的画作上题字，有一种妇唱夫随相得益彰和珠联璧合的效果，无形中留下一大批珍贵的艺术品。这种形式也是中国古代文人的一种习惯做法，只是在近代文人中比较少见了，因此，齐老人的题词和老舍先生的题词就显得更加稀罕，格外抢眼了。是啊，画上的题诗题字不光是一种美妙的艺术形式，而且常常传递一种人间的思绪，有爱，有义，有情；也把三位艺术老人的友情故事永久留在了人间。

老舍和商务印书馆

头四部长篇小说

商务印书馆对老舍先生来说，非同小可，是块绝顶重要的阵地，他的头四部长篇小说——《老张的哲学》《赵子曰》《二马》《小坡的生日》——全是发表在《小说月报》上的，而后，头三部还由“商务”出了单行本，作为《文学研究会丛书》的一部分。

可以说，他的成名，是和“商务”有密切关系的。

除去《小铃儿》不算，老舍先生真正意义上的处女作是长篇小说《老张的哲学》，它发表在“商务”出版的《小说月报》第 17 卷第 7 期至第 12 期上，时间是 1926 年。《老张的哲学》的发表，奠定了老舍先生在文坛的地位。《老张的哲学》很受读者欢迎，也鼓起了作者的勇气，激励他继续写下去，终于使老舍成了 (按周扬同志的说法) 中国现代白话文体的长篇小说的奠基人之一。

《老张的哲学》写作于伦敦，当时，老舍先生在伦敦大学东方学院教中文，恰好和作家许地山先生住在一起。老舍常常看见许地山在谈天之余，掏出一本油盐店的账本写小说，笔可不是毛笔，是钢笔，而且时时把笔尖插入账本里去。老舍开始想家——想国内的一切，想自己的过去。记忆中的一切就像图画一样，全呈现在他的眼前。何不把这些图画全写下来呢？他也拿起了笔。

用的是3便士一本的小学生笔记本。

于是，《老张的哲学》便诞生了。

根据各种迹象判断，《老张的哲学》是通过许地山的介绍，到了《小说月报》主编郑振铎的手里。郑振铎当时在上海，而老舍客居伦敦，稿子是通过邮局寄出的。大约过了半年，得以刊出，署名是“舒庆春”，栏目是“长篇创作”，分6次登完，一直持续到1926年底，由第二次开始，署名改为“老舍”。

所以，老舍这个名字，第一次出现，是在“商务”的《小说月报》上，是1926年8月的事情。

翻查当时的《小说月报》，发现长篇小说很少，虽然这个杂志的篇幅很大，内容丰富多彩，但其创作部分多是短篇小说，以1926年来说，翻译除外，全年才发表了一部长篇小说，就是《老张的哲学》。这一点，客观上，使《老张的哲学》格外引人注目。

《老张的哲学》单行本的初版本是商务印书馆1928年1月出版的，即在《小说月报》连载完一年之后，不算很快，但它这种先出连载后出单行本的程序，受到读者和作家的欢迎。

《老张的哲学》连载到最后一次时，《小说月报》的编者在“最后一页”栏目中做了如下交代：

今年所登的创作，《老张的哲学》特别的可以使我们注意。在半年之内，能够完全把它登完，这是我们很高兴的事，明年老舍先生还有一部《赵子曰》，一部比《老张的哲学》更重要更可爱的长篇，将在本刊发表。

这大概是介绍《老张的哲学》和《赵子曰》的最早的文字了。

热情的推荐

对《赵子曰》，《小说月报》后来又做了比较详细的专门介绍：

从第三号起，将登一部长篇小说《赵子曰》，那是一都篇幅很长的作品，也许到年底才能完全结局。《赵子曰》的作者，为写了《老张的哲学》的老舍君，而这部《赵子曰》较之《老张的哲学》更为进步，写的不是那一班教员闹民，写的乃是一群学生，是我们所常遇见、所常交往的学生。老舍君以轻松微妙的文笔，写北京学生生活，写北京公寓生活，是很逼真很动人的。把赵子曰几个人的个性尤能浮现在我们读者的面前。后半部的《赵子曰》却入于严肃的叙述：不复有前半部的幽默，然文笔是同样的活泼。且以一个伟大的牺牲者的故事作结束，是很可以使我们有无穷的感喟的。这部书使我们始而发笑，继而感动，终而激愤。

这是对《赵子曰》的最早的重要评价，今日读来，仍然感到说得相当恰当和精辟。它出现在1927年《小说月报》第18卷第一期的“最后一页”栏目里。

商务印书馆曾为《老张的哲学》和《赵子曰》单行本的出版发行在 1928 年 10 月的《时事新报》上做过广告，其中对《老张的哲学》是这样写的：

《老张的哲学》，为一长篇小说，叙述一班北平闲民的可笑的生活，以一个叫老张的故事为主，复以对青年的恋爱问题穿插之。在故事的本身，已极有味，又加以著者讽刺的情调，轻松的文笔，使本书成为一本现代不可多得之佳作，研究文学者固宜一读，即一般的人们亦宜换换口味，来阅看这本新鲜的作品。

这是一段相当有名的文字，加上上面那段关于《赵子曰》的文字，朱自清先生早在 1929 年 2 月就引用过它们，并给了它们很高的评价，说它们“虽然是广告，说得很是切实，可作两条短评看。从这里知道这两部书的特色是‘讽刺的情调’和‘轻松的文笔’”。

这两段被朱先生赏识的“商务”广告，现在已经成了“广告文学”的范文。

《赵子曰》连载了 8 期，至 1927 年 11 月才登完，它又成为当年在《小说月报》上发表的唯一一部长篇创作。

《赵子曰》的单行本出版较快，连载完之后，只隔了 3 个月，“商务”就发了新书预告，又过两月，已出书。

《赵子曰》刚开始连载一个月，发生了“四一二”事件，《小说月报》主编郑振铎先生被迫出国，杂志由叶圣陶先生代为主编，《文学研究会丛书》则由胡愈之、徐调孚先生代为编辑。这三位先生，和郑振铎先生一样，后来都成了老舍的好朋友。

《小说月报》对老舍的第三部长篇小说《二马》的介绍最为详尽，似乎是给了它特殊的荣誉，先后有5段编者的话最值得注意，其中有的还有较大的史料价值：

1928年末，在《小说月报》第十九卷最后一期上，有一页“第二十卷内容预告”，上有如下的一段：

关于创作，明年的本报，至少有三部的长篇小说可以继续的刊载出来。

(一)《二马》，老舍著，在这里，老舍君的艺术益为进步，文如行云流水般的运转，其背景，将不复是北京，而是欧洲。也许有点小小的讽刺气味，然而绝不是《留东外史》、《留西外史》的一流。……

1929年第20卷第3期的“最后一页”栏目中，又有这样的话：

老舍君的《二马》的大作，早已从远迢迢的伦敦寄到，有十几册的稿本呢，至少也须登个八九期，五月号一定可以将这部作品开始刊载。

这是迄今为止发现的有关《二马》手稿的唯一记载。

第4期更进一步对《二马》做了介绍，它的“最后一页”栏目是这样写的：

巴金君的长篇创作《灭亡》已于本号刊毕了，曾有好些人来信问巴金君是谁，这连我们也不能知道，他是一位完全不为人认识的作家，从前似也不曾写过小说，然这篇《灭亡》却是很可使我们注意的，其后半部写得尤为紧张。

从下月起，我们将开始刊登老舍的长篇创作《二马》了。《二马》写的是父子二人旅游伦敦的故事……我们将见老舍如何巧妙的措置这样错综的材料，笔调的活泼有神似较《老张》和《赵子曰》尤为进步，而人物也完全换了一个方面。其中充满了异国情调。到过伦敦的人，见他所写的伦敦，以及伦敦的人，都将为之叫绝，他写的是那么真切！我们东方古国的父子二人，在这样一个世界大城市中，所玩的许多花样，将使我们笑，将使我们哭，然而作者却绝不谴责，也绝不庇护，他只是以恳挚的态度，叙述出这样的一件事。在许多《留东外史》、《留西外史》中，《二马》卻绝不是他们的同类，我们敢担保的说。对一篇作品，在刊登之前就说了这么多话，对《小说月报》来说，似不多见，足以证明，《小说月报》主编对《二马》和它的作者的器重。

第 5 期是开始连载《二马》的一期，编者又说了一段特别的话：

在这一期里，《二马》一开始便很不凡，我们不觉的将超出于预算的篇页去刊登它，因此，上月号预告甲的几篇作品，莘生君译的《袭击》，黎锦明君的《火焰》，向培良君的《在堤上》，及高君箴女士的《莱茵河黄金》都只好移至下一期登载了。

《二马》分作 8 期刊登，至 12 月登完。编者在当年最后一期的“最后一页”栏目中做了如下的总结：

长篇创作，则刊出者共有两部：

(一)《灭亡》，巴金著；

(二)《二马》，老舍著。

这两部长著在今年的文坛上很引起读者的注意，也极博得批评者的好感。他们将来当更有受到热烈的评赞的机会。

这5段热情洋溢的话，次数之多，篇幅之长，用词之强，都是不寻常的，表现了《小说月报》编者对《二马》的推崇。对《二马》的传播无疑起了很大的促进作用。

《老张的哲学》《赵子曰》和《二马》使老舍名斐文坛。看得出来，“商务”的《小说月报》对老舍的推荐，对这一点起了重要作用。

奇怪的是，解放后由1949年至1979年，在整整30年里，人们似乎把这段历史遗忘了，这三本书都没有再版过，对它们的评语也没有达到《小说月报》编者所给的高度，以至，今天重读这些介绍，格外感到亲切和难能可贵。此时此地，旧事重提，也就不显得多余了。

新加坡解围

1929年夏，老舍先生结束了5年的英国教书生活，乘轮船回国。可惜，所剩的钱只够买到新加坡的船票，索性先到新加坡再说吧，离祖国能近一步是一步。

到了新加坡，老舍首先想到的是商务印书馆。出国的时候，路过新加坡，知道当地的商务印书馆在最热闹的街上。于是，雇了辆车，用手一指，直奔最热闹的街而去。心里想，如果“商务，在最热闹的街等着我呢，便是开门见喜，它若不在这条街上，我便玩完”。

“商务”在这条街上，好办了，进门先找经理，说自己就是那位写《二马》的作者，第一，想支点稿费，第二，想在新加坡找点事做。经理姓包，人很热情，先请《二马》作者一顿饭吃，又把他介绍给南洋兄弟烟草公司的黄曼士先生，说黄先生在地面上很熟，而且喜欢交友。黄先生并没有什么事情可给老舍做，但两人却真成了好朋友。不远便是中华书局，找到经理徐采明先生，他说有办法。徐经理领着老舍到华侨中学去。那里正缺一位国文教员。于是，老舍在新加坡找到了落脚的地方，一气儿待了半年。

3 个月之后，老舍先生开始写他的第 4 部长篇小说——《小坡的生日》。在这之前，他还写了一个叫《大概如此》的长篇小说，是在回国途中写的，到新加坡已得 4 万多字。《大概如此》是一部爱情故事。东方的激进叫老舍不再看得起《大概如此》的题旨。他搁下了《大概如此》。他决定写新加坡，而且是写新加坡的孩子。新加坡是个多民族聚居的地方，老舍在新加坡看见了和接触了不少中国的、马来西亚的、印度的孩子，而中国孩子中又有广东的和福建的。这使老舍想起了一个新主题——联合世界上弱小民族共同奋斗。用这个主题，他开始写《小坡的生日》。

《小坡的生日》是个半写实、半童话式的作品，它使老舍很得意，因为写它使老舍自己明白：童心未死，虽然已经是个 30 岁的人了。

《小坡的生日》共有 6 万字，其中前 4 万字写于新加坡，后 2 万字是在上海郑振铎先生家中完成的。把稿子交给郑振铎在《小说月报》上发表，老舍便打道回府，乘车北上，回到阔别了 5 年半的故乡北京。

总算是和“商务”有缘分，没有困在半路上，而且还得了一部《小坡的生日》。这缘分还少吗？

《大明湖》遭难

1930年夏，老舍先生接受齐鲁大学的聘书，到济南去教书，他做了文学院的教授和国学研究所文学部主任。教课之余，开始写一部名为《大明湖》的长篇小说，这是他的第5部小说，如果不算《大概如此》的话。

《大明湖》写成之后，交给齐鲁大学的同事张西山先生看了一遍，还是寄给了郑振铎先生，准备在《小说月报》上连载，时间是在1931年暑假之后。此时，《小说月报》刚刚连载完《小坡的生日》(第22卷第一至第四期)，西谛先生回信说，《大明湖》就留着过了年再登吧。

年底，《小说月报》发了预告，说要出一期第23卷的新年特大号，其中有《大明湖》。在“要目预告”里有下面的几句话：

《大明湖》(长篇创作)心理的刻画，将要代替了行动表态的逼肖，为老舍先生创作之特点，全文约二十万字。

过了年，稿子交到印刷厂准备出刊。“一·二八”的火把“商务”印刷厂化成灰，《大明湖》也就跟着化成了灰。世界上，读过《大明湖》的人，大概只有张西山先生、郑振铎先生、徐调孚先生和几名“商务”的印刷工人了。

上海的郑逸梅先生在他的1981年出版的《书报话旧》中透露了一个很重要的消息，他听说《小说月报》第23卷的新年特大号在“一·二八”前夕刚好装订出一本清样，及时送给了徐调孚先生，并未葬身火海，真乃海内孤本！得知这个消息之后，我立即写信给郑逸梅先生探听细节，同时开始打听徐调孚先生的后人的地址。姜德明同志告诉我：徐先生晚年随儿子迁到四川江油县居住。徐先生由江油写信给叶圣陶先生常常是由姜德明来转交的，故而知道徐先生后人的地址。

可惜，不论是从郑先生处还是从徐先生后人处，都没有找到更详细的线索。郑先生回信说："所询之书来经寓目且当时所闻随手记之，过后付置遗忘，我与徐调孚亦不熟悉，无以奉告，歉疚之至。"那本海内孤本的下落至今是个谜。

在几位读过《大明湖》的人之中，只有张西山教授依然健在，他还能回忆起老舍写《大明湖》时的情景，以及他读《大明湖》时的感受。

老舍先生写东西，向来不留副稿。他的稿子总是清清楚楚，用不着再抄一遍，可以直接付印。有朋友劝他再写一遍《大明湖》，他打不起精神来。利用《大明湖》中最精彩的片段，他后来倒是又创作了一篇中篇小说——《月牙儿》和一篇短篇小说——《黑白李》。《月牙儿》成了他的代表作之一。这算是一点《大明湖》的余音吧。

跟着《大明湖》一起遭难的还有《小坡的生日》的单行本，它的底版也殉了难。后来，过了许多日子，转让给生活书店承印，那已是1934年5月的事了。

"一·二八"一把火，烧毁了"商务"的印刷所，烧得《小说月报》停了刊，烧没了《大明湖》，烧光了《小坡的生日》的底版；老舍先生和"商务"的密切来往也暂告一段落。

转让版权

老舍先生1946年计划要出自己的全集。

之前老舍先生是拒绝出《老舍文集》的。

先要出，后又拒绝，很矛盾。但这些都是事实，只是事出有因罢了。

老舍先生很久以前就有自己办出版公司的想法，一，作家自力更生，不必求助别人；二，可以给作家们优厚的稿酬待遇，能够为作家提供点实际帮助。这个想法得以实现是在1946年，在他得了一笔美国翻译出版《骆驼祥子》的版税之后。他将这个想法和可能性告诉了赵家璧先生，希望他来主持这个出版公司，公司成立之后，第一件事就是出版《老舍全集》。

这个出版公司就是晨光图书出版公司，赵家璧接手筹办这家公司之后，按老舍原意愿，开始编辑出版老舍的各种著作。当时并未打出《老舍全集》的旗号，但实际上是由“晨光”出版一整套老舍作品，由各个单行本和集子组成，外部装帧格式统一，将来汇总起来，就是一套全集。由于所有的老舍著作都必须由“晨光”出版，赵家璧开始向出过老舍著作的出版社办交涉，希望他们将版权转让给“晨光”。他首先问了“商务”。“商务”断然拒绝，理由是没有先例，“商务”的书从来是由“商务”出到底，没有半路让给别人出的。赵家璧无法，写信到美国，向老舍求救，如果全集少了《老张的哲学》《赵子曰》《二马》，那还叫什么全集啊！赵家璧还建议由老舍自己出面求郑振铎先生从中帮忙说情。此计果然奏效，郑振铎先生出面之后，“商务”爽快地答应了，让出这3部书的出版权，条件只有一个：写上某年某月“商务印书馆”初版。矛盾如此圆满地了结，老舍和赵家璧都喜出望外，十分感激“商务”的支援和慷慨。这3部书作为《晨光文学丛书》

的第 16、第 17 和第 18 种，一齐都在 1948 年 1 月正式出版。老舍先生和商务印书馆的故事也到此结束。

今天，仍能感到那些影响的分量，这些值得记载的往事，透过那非凡的开端、中期的悲惨遭遇和完满的结局，闪烁着老一辈文学工作者和出版工作者们的执著的事业使命感和对美好理想的强烈追求欲望，给后人留下了珍贵的精神遗产。我愿这些对往事的记忆，源远流长，永存人间。

一粒种子已经长成大树，回顾它的发芽破土和成长过程，人们还看见了耕耘者和浇灌者的辛劳操作。来大树下乘凉的后人，在赞美大树的同时，难道能不感谢那些耕耘者和浇灌者吗？也许，有一天，他们自己也会变成耕耘者和浇灌者；当然，长出的，将是另外一些大树了。

贰

方成绘

不要說高粱与玉米，就是成熟最遲的蕎麥，也收害完了。平原變得更平，除了灰暗的村莊，与小小的樹林，地上似乎只賸下些衰草与隨風飛舞的黄土。近處的河堤与鐵道，和遠處的山峰，都極明顯的展列開，彷彿很得意的指示出這一帶的地勢，這是打仗的好時候。

『夢蓮』首節 錄奉

亦五仁兄 教之

老舍

卅二年初秋。

《老舍幽默诗文集》丁聪绘。

摄于南新街54号的写作照。

老舍与朋友，摄于1928年9月。

1926 年于伦敦寓所。

（上）20 年代伦敦大学东方学院大楼外观。1936 年拆除，学院迁到他处。

（下）东方学院的图书馆。

1939年伦敦出版的《金瓶梅》。这个版本是西方最早最全的译本，评论家认为此书错误极少，是卓越的译本。曾先后出版了4次。

在美国与小读者合影。

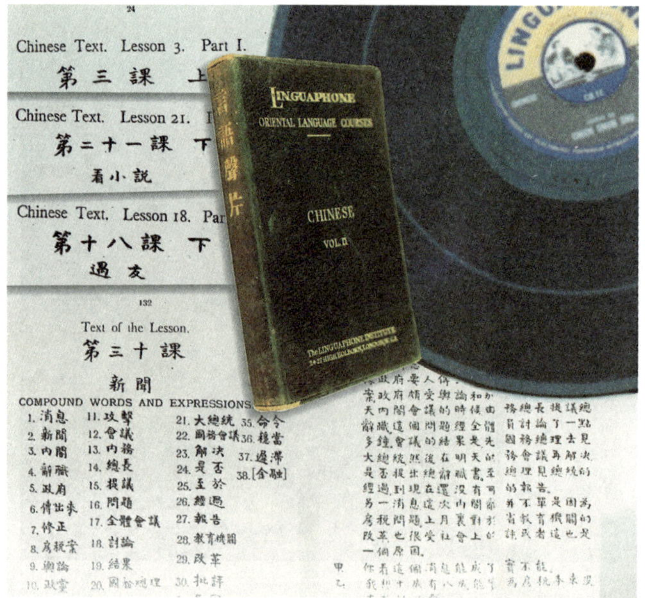

灵格风汉语《言语声片》。汉字课文的声片全部由老舍录音制作。可以从声片中听到老舍二十多岁时洪亮清晰的朗读声。

1926 年春，在巴黎与朋友董绍良合影。

1928年老舍与严宝航(中),宁恩成(右)在东方学院大楼前合影。

赴伦敦前与曹禺合影。

老舍在国外时，孩子们都还小。

1946年在加州伯克利大学，左起：牛满江、陈士襄与夫人、汉斯、曹禺、老舍。

1946年写作照。

摄于武汉。

1946 年摄于美国。

与朋友合影。

1947 年于美国写作照。

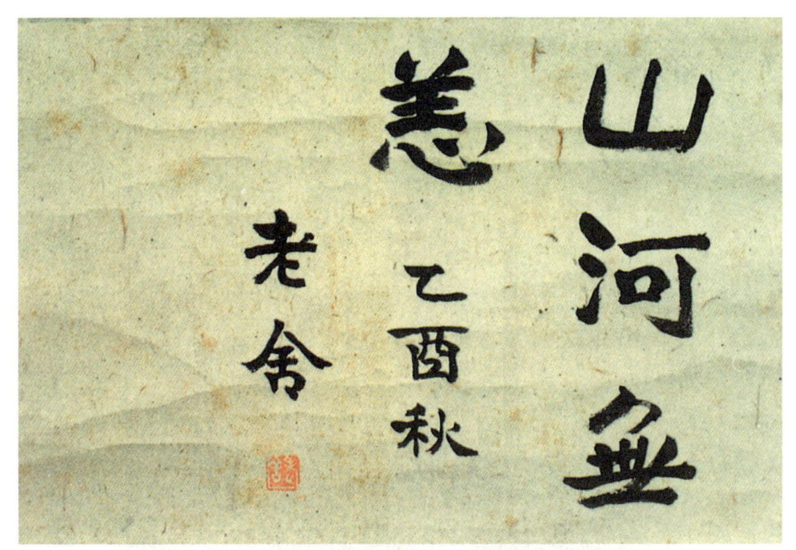

1945 年老舍书赠邵恒秋。

老舍（左）与济南画家关有声合影。

1932年冬老舍回到北京，穿着胡絜青为他手缝的新皮袍在罗常培家与罗合影。

创作《骆驼祥子》时摄于青岛。

语帅：

谢谢信！今年非去年，正是鸡年狗。去年有工夫，今岁则没有。"写"是件可喜的事哟，但是没工夫怎办呢！

慢慢来吧，反正我有点时间就写吧；不过不能像去年那样有成绩了。学校的事今年特别的多呀。

匆匆，祝

吉！

弟 舍予

1934 年致林语堂信

1936 年搬家至青岛黄县路 12 号二层楼，《骆驼祥子》在这里创作完成。

1948年孙之绘连环画《骆驼祥子》。

随着时代　大改其良
任他开炮　我须开张

画家叶浅予在《茶馆》演出时，到后台速写剧中人物16张，老舍看后非常高兴。为画题诗16首。此为其中两幅。

真真假假千变万化
只求饱暖太平天下

方成绘

老舍在英国

《金瓶梅》英文译本

驻上海的英国记者马尔科姆·穆尔在英国《每日电讯报》上发表一篇报道，说北京当代芭蕾舞团在香港将经典艳情小说《金瓶梅》首次搬上了舞台。文中提到《金瓶梅》的英文译本，而且提到一个有趣的细节，即这位英文翻译者在译文中将70处性描写译成了拉丁文。

这篇报道涉及到的《金瓶梅》译本可以追溯到上世纪20年代，事情发生在伦敦。

当时来自北京的年轻讲师舒庆春正在伦敦大学东方学院教书，他和英国朋友 Clement Egerton 合租了一层楼。

艾支顿是一位有才华的翻译家，他会5种语言：拉丁文、希腊文、德文、法文还有中文。他当过教员、服过役，一战时升为中校，在认识舒庆春时他接受了一项重大的翻译任务，就是将中国古典名著《金瓶梅》翻译成英文，但是他的中文程度令他胆怯，他决定请当中文讲师的舒庆春帮他的忙，如果两人能住在一处，恰好可以就近切磋，除了相互学习语言之外，还可以解决中译英过程中遇到的疑难问题。

艾支顿用了 5 年的时间将《金瓶梅》翻译成英文。书于 1939 年正式出版，英文名《The Golden Lotus》(金莲)。以后再版 4 次(1953 年、1955 年、1957 年、1964 年)。书出得十分讲究，四大厚本，绿色羊皮面，烫金脊。书的扉页上郑重地写着一行字："To C.C.Shu My Friend"。"C.C.Shu"就是舒庆春，是老舍先生的原名，他在伦敦大学东方学院任中文讲师时用的就这个名字。

在《金瓶梅》英译本的《序言》中，艾支顿专门写了以下这么一段译者的话："Without the untiring and generously given help of Mr.C.C.Shu,who,when l made the at the first draft of this translation,was Lecture in Chinese at the School of Oriental Studies, I should never heve dared to undertake such a tast .I shall always be greteful to him. "

"在我开始翻译时，舒庆春先生是东方学院的华语讲师，没有他不懈而慷慨的帮助，我永远也不敢进行这项工作。我将永远感谢他。"

有趣的是，如上所述，艾支顿在书中将《金瓶梅》中露骨的性描写译成了拉丁文。一般的英国读者并看不懂拉丁文。于是，曾有一位调皮的译者，故意将这些拉丁文译成一本小书出版。直到 1972 年，艾支顿才将拉丁文处一一译成英文并正式出版了《金瓶梅》的全译本。

奇怪的是，老舍本人对这件事一直保持沉默。只是 1946 年在美国的一次讲演中，提到了艾支顿的《金瓶梅》英译本。在这次名为《现代小说》的演讲中，他高度评价了《金瓶梅》，说它是"明代最杰出的白话小说”。“在我看来，《金瓶梅》是自有小说以来最伟大的作品之一”，“《金瓶梅》用山东方言写成，是一部十分严肃的作品，是大手笔”。

1997 年 11 月 7 日我首次访问英国时，曾到伦敦大学亚非学院档案部和中文图书馆参观。当时图书馆里有 3 套 1939 年的《金瓶梅》英译本。当晚，该图书馆负责人在一次晚宴上亲手将其中一套赠送给我，让我带回北京。目前，这套《金瓶梅》藏于北京老舍纪念馆中。《金瓶梅》英译本的故事是现代中英两国文化交流史上一桩非常有趣的事情，也是老舍先生旅英 5 年里无意之中留下的一个重要足迹。

老舍故居——一处“英国遗产”

1924 年在宝广林先生和英国人易文思（Robert Kenneth Evens）先生的推荐下，老舍被英国伦敦大学东方学院聘为该院中文讲师。宝广林先生是伦敦大学神学院的毕业生，当时任北京缸瓦市伦敦会基督教堂的主持人，而易文思先生当时是北京燕京大学的英文教授。伦敦传教会驻北京代表，北京萃贞中学校长伍德小姐（Myfanwy Wood）曾代表东方学院对舒庆春进行考察，并和他签署了赴英教授 5 年中文的合同。舒庆春于 1924 年 9 月 24 日乘德万哈号客轮抵达伦敦。舒庆春年薪为 250 镑，按月支付。校长可以根据学生的要求安排舒庆春课程的时数和次数，讲课时间每周最多 20 小时。当时东方学院中文系有包括舒庆春在内的 3 位老师，一位是英国教授布鲁斯（Bruce）先生，另一位是英国讲师爱德兹 (Edwards) 小姐。由 1926 年 8 月 1 日起在未来 3 年里舒庆春被续聘为标准中国官话和中国古典文学讲师，年薪为300镑。

在伦敦，舒庆春先后住过4个地方，它们除上面提到的St.James's Gardens 31号是第二处之外，还有北郊Barnet区Carnarvon street 18号，舒庆春在此住了初到伦敦的半年时光，十多年后老舍写过一篇名为《头一天》的散文，多次提到它。第三处是Torrington Square 14号公寓，住了半年多，此处房子于二战中已被炸毁。第四处是伦敦南郊Montrel Road 31号，住了半年就启程回国了。对这四处的房东，老舍在1936年曾写过一篇名为《我的几个房东》的散文，发表在上海的《西风》杂志上，对他们进行了详细的描述，其中有许多善意的调侃。

伦敦大学东方学院的教务虽然很忙，舒庆春在东方学院教授的课程有官话口语、翻译、古文和历史文选、道教文选、佛教文选以及写作。不过东方学院有一个好处，就是假期较长，加起来一年中有5个月之长。假期对舒庆春来说，并不完全自由，因为有的学生利用假期也要学习。只要有学习要求，老师就必须执教。所以，在假期，舒庆春只可能做短期的离开伦敦的安排。大部分时间他是在学校课堂中和学校图书馆中度过的。

图书馆是他看书和写作的地方。他在5年之中先后创作了3部长篇小说，成了一名业余作家。

经过5位英国学者和教授的倡议，经过中国驻英大使馆、中国作家协会的积极配合，英国文物遗产委员会决定将St.James's Gardens的老舍故居列为“英国遗产”，以纪念这位杰出的中国作家，他在这栋房子里居住了3年，并创作了他的前两部半长篇小说。他开始使用“老舍”做他的笔名。

2003年11月25日，伦敦举行了隆重的挂牌仪式。这是七百多处英国遗产中唯一一处为一位中国人挂的牌子，也是第一快牌上印有中文字的“英国遗产”牌子。牌子上分别用英文和中文写着“老舍”的字样，注明他是一位中国作家，1925—1928年曾在此居住。中文字体是按他的夫人胡絜青书写的毛笔字放大复制的。我应邀出席了挂牌仪式，并和查培新大使一起为牌子揭幕。我在仪式上发表了讲话，特别向英国朋友、向英国文物遗产委员会表示感谢。我特别说明，老舍先生在长篇小说《二马》中曾经着力描写中国因落后而被人瞧不起，他为此痛心疾首，因此将小说的主题定在了“救国救民”上。现在，过了七十多年，英国人决定为这位中国作家挂牌子，标志着中国人被人瞧不起的时代已一去不复返，这不仅仅是这位中国作家本身的光荣。

三部小说

老舍是1929年6月离开英国的，在欧洲旅行了三个多月，主要在法国、荷兰、比利时、瑞士、德国和意大利。于1929年秋坐船抵达新加坡，在华侨中学教书半年，于1930年2月启程回国，5月返回故乡北平。

老舍离家5年半，自1924年秋至1930年夏，带回来4部长篇小说。

当年，当老舍先生走上文坛时，在整体上长篇小说的创作量非常少，以最大的文学期刊《小说月报》为例，虽然它的篇幅很大，是一本厚厚的杂志，但一年也就连载一部长篇小说。到1929年也才增加到一年发表两部，除《二马》外，另一部是巴金先生的《灭亡》。《小说月刊》的编者曾在编者的话中说：“巴金何许人也，我们也不知道。”

正因为如此，老舍先生刚一步入文坛，就声名显赫，有点物以稀为贵的味道。所以，老舍先生后来获得了一个美称，他被誉为“中国现代长篇小说的奠基人之一”。

所谓“现代”是指使用白话文，即语体文，不同于古典的文言文。这是1919年“五四”新文化运动之后才出现的新生事物，对中国社会的进程有着巨大的推动作用。从这个意义上讲，老舍先生属于“五四”新文学阵营，而且是其中重要的一员，进入现代文学史中公认的文学巨匠“鲁、郭、茅、巴、老、曹”行列。

老舍作品最显著的特点是他的语言。

中国的方言多达千种，当人们决定推行“国语”时，即选一种方言做母语，全国的人都学着讲这种话，再用这种话做文字的表述体，推行“语体文”，取代文言文，这种被选出来的方言就成了全国人的“国语”了。经过激烈的竞选，北京话被推选为国语的母语，候选的提名还有南京话、苏州话、广州话、武汉话。

恰在此时，讲北京话的老舍走上了文坛，他的语言仿佛成了全国人正在学习的国语的范文，当时，流行着这么一句话，老舍先生的作品《老张的哲学》《赵子曰》和《二马》为文坛刮来一股清新的风。一时，人们争先阅读，奔走相告，老舍作品成了知识分子读者的新爱。

这3部小说的问世大体上已经构成了老舍独特的文学风格，而这种风格从此基本上一直延续了他的一生。这种风格是如此明显，以至一眼就能把他的作品和其他的同代中国文学巨匠的作品区别开来。这种文风里既有北京人的机智、诙谐、包容，满族人的多才多艺、礼貌，时代烙下的悲凉，穷苦下层人的悲悯和冷眼，又有英国人特有的幽默。

除了语言的特点之外，三部小说的主题也十分抓人，都是强烈的爱国主义作品，反映了时代的需求，图强图变，救国救民，一片赤诚，虽然很幽默，很逗笑，但却都是含笑的泪。正像茅盾先生在阅读《赵子曰》之后所说："在老舍先生的嬉笑唾骂的笔墨后边，我感到了他对生活态度的严肃，他的正义感和温暖的心，以及对祖国的热爱和热望。"

《二马》是一部与众不同的书，作者在书中除了描写两名到英国的中国人之外，大量描写了英国人，大量描写了伦敦，都用真实的地名，大量描写了伦敦的四季自然气候。书中有名有姓的英国人一共 9 位。书中提到的伦敦真实的地名一共 39 处。用真实的地名做自己的创作的人物和故事的地理背景是老舍的一个重要文学主张，《二马》是一个辉煌的例证。有一位叫李振杰的中国学者用了许多时间进行了实地考证，写了一本小册子，叫《老舍在伦敦》，对这个文学主张以伦敦为例进行了详细的论证。

《二马》的另一个成功之处是对中英两个民族的民族性进行了深刻的对比。《二马》中老派中国人的代表马则仁先生是老舍创作的"不朽"人物之一，可以和虎妞、祥子、程疯子、老王掌柜这些家喻户晓的老舍笔下的著名典型并列。书中的英国人，虽然基本上没有什么太可爱的人物，但个个都有个性，而且入木三分，同样给人留下了深刻印象。老舍在《二马》里充分运用了一分为二的态度来看待英国人，该批评的就批评，该肯定的就肯定，非常平实、中肯，也同样让人感动。

年轻主人公小马威走进伦敦植物园的竹园，哈腰看竹根衔着的小牌子：日本的，中国的，东方各处的竹子，都杂着种在一块。接着就是一番议论：

“帝国主义不是瞎吹的！”马威自己说：“不专是夺了人家的地方，灭了人家的国家，也真的把人家的东西都拿来，加一番研究，动物、植物、地理、言语、风俗，他们全研究，这是帝国主义的厉害的地方！他们不专在军事上霸道，他们的知识也真高！知识和武力！武力可以有朝一日被废的，知识是永远需要的！英国人厉害，同时，多么可佩服呢！”

这就是《二马》的真实。

灵格风汉语声片教材

上世纪20年代英国灵格风出版公司曾托伦敦大学东方学院出版一套针对外国人的汉语学习教材，用灌制唱片的办法教发音，教会话，唱片共16盘，其中15盘录了30课课文，每张胶木唱片录两课，正反面各录一课，第16盘作为序篇，是发音练习，并录了两段作品的朗诵，一段是伊索寓言《酸葡萄》，另一段是曹雪芹《红楼梦》第二十五回片断。

全部发音灌录者是C.C.Shu。

无形中留下了年轻的舒庆春的声音，当时他25岁，声音很清亮，音调比较高，不像晚年的声音那么低沉，但是，一听就知道是舒庆春的声音，标准的北京音，很漂亮，清脆，好听。每张唱片都装有灵格风的套封，张张上面注明发音灌录者的全名是伦敦大学东方学院华语讲师 Chicn Chun Shu。

一个皮制小手提箱装着 16 盘唱片，里面还有两本装帧精良的教科书，第一卷是英文卷课本，第二卷是中文卷课本。羊皮书面，烫金书边。第二卷的课文全部是手写的中文，毛笔字体，照片制版印刷而成。书写者是 C.C.Shu，无形中又留下了年轻的舒庆春非常漂亮的书法作品，楷书字体，略带点魏碑的味道。

这一箱汉语教材的正式名称是《言语声片》，在世界上流行于上世纪 20 年代、30 年代、40 年代，直至 50 年代中期。后来被一套香港出版发行的新灵格风汉语教材取代，不过后者的水平明显不及其前身，后者由于有过多的政治内容而并未流行开来。

灵格风《言语声片》内容的作者是三位，即伦敦大学东方学院中文系的三位老师：J.Percy Bruce 教授、E.Dora Edwards 讲师和 C.C.Shu 讲师。由出版说明中可以看出，从分工上看，其中主要的作者是 C.C.Shu，他负责第十六课下到第二十七下的对话课文撰写，及第二十八课上、下到第三十课上、下的全部课文撰写，大体占全部第二卷汉语课文页数的 43%，从发音内容量上则占 60% 以上，而且是较为复杂的课文部分。十五课以前的课文内容比较简单，是字和词的发音，以及一些简短的句子，不构成专题的内容。从舒庆春负责的第十六课起，会话部分都有题目，是一个一个专题，共 15 个专题，诸如“火车站”、“游戏”、“商业谈话”、“新闻”、“洋服庄”、“银行”等等，其中有一些专题不光语言生动，内容也很新颖，传递了作者的一些思想和主张，譬如第二十一课下，题目是《看小说》，有如下的内容：

甲：……我近来看小说的瘾非常的大。

说真的，近来出版的小说实在比从前好的多。因为新小说是用全力描写一段事，有情有景，又有主义。旧小说是又长又沉闷，一点活气没有。况且现在用白话写，写得生动有趣，你说是不是。

乙：是，我也觉得新小说有意思，因为有一些文学上的价值。这部《言语声片》不同于一般的汉语教材，它的特点是：

一，内容针对成年人，而不是针对儿童，并不是小学教材，是成人教材，方方面面都有，又具体又细致，实用价值大；

二，内容是针对北京的，而不是其他地方的，但又全国适用；

三，内容是口语的，并不刻意讲究所谓文法，甚至一点文法也没有，反而是以习惯语气为主，句句都比较短、上口，譬如：

"你简直的不吃叶子烟吗。"

"不行，那个太辣，吕宋烟我也办不了。"

"万一有个受潮掉毛，还不至于糟在我们手里。"

"论到钱上，咱们俩断不可提。"

"那件事你万不可忘记。"

从语言学的角度，这部教材的价值也值得重视和研究：首先，可供动态的考察，不到一百年，北京话已经发生了不少变化，《言语声片》中有一些说法和用词，现在已经很陌生了，不大使用了，成了"过去式"，如"今天的天气很顺当"、"他刚要起行"、"那个办法不必然好"、"我目下想不起来"、"马先生给我打电话"、"商议商议才能定规"、

“他昨天应许了”、“兄台要买皮袄”、“叫柜上开发脚钱”、“怎么停着这么些只船呢”、“当然诸事都迟滞一些”……

其次，从语气上叠字词和儿化词也发生了一些变化，“末末了”、“高高儿的”的说法现在都不怎么流行了。

1994 年荷兰莱顿大学汉学院图书馆主任吴荣子女士曾将一套完全的《言语声片》赠给中国现代文学馆。他们一共有三套半，特别匀出一套带到北京。现在，根据这一套，为便于研究和利用，《言语声片》教科书第一卷和第二卷已完整地复印到了《老舍全集》第 19 卷中，其中主要部分可以算作为老舍早期作品的一部分了。而他的声音也根据唱片录成 CD 光盘，听众随时可以在中国现代文学馆的展厅中听到。

由于《言语声片》的发现，北京语言文化大学已邀请中国老舍研究会将其总部设在大学院内，因为他们把老舍先生视为在海外传播汉语教学的鼻祖。

老舍在美国

一　源起和历程

老舍先生在美国的时间是 1946 年 3 月 20 日至 1949 年 10 月 13 日，前者是抵达西雅图的时间，后者是离开旧金山的日子，前后共三年半。

老舍先生访美之前，有郭沫若先生和茅盾先生的分别访苏之行，前者还是在战争中成行的。这两次访问都有作者自己写的详细访问记问世，影响比较大。他们的出访，发生在美、苏两大强国争夺对战后世界形势的发言权的大背景下，是一个值得重视的信讯，美国方面自然会做出相应的反应。战后的中国政治形势正处在一个不确定的动荡局面中，中国统治当局的腐败无能日趋显现，社会落后黑暗，百姓贫困，民怨沸腾，中国共产党和进步势力迅速崛起，形成某种强烈的对峙局面，一场空前的大革命正在急剧的酝酿中。在这种形势下，美国外交界的一些明智之士也将注意力转向了中国的进步知识分子，作为争夺的重要对象，争取主动，谋求均势。

在美国驻华大使馆当文化联络员的威尔马·费正清 (wilma Fairbank) 和在重庆美国新闻处服务的费正清 (John King Fairbank) 在促成老舍访美一事上起了重要作用。他们向美国国务院建议邀请两位知名的中国进步文人访美，其中一位是小说家老舍，另一位最好是知名的共产党人。为此，他们曾想尽办法和周扬、欧阳山尊等共产党人取得联系，但没有成功。最后名单被确定为老舍和曹禺，前者的长篇小说《骆驼祥子》刚刚被译成英文，取名《洋车夫》，成为美国的畅销书，而老舍本人在八年抗战中一直是"中华全国文艺界抗敌协会"的主要领导人，在文学界有崇高威望；后者的话剧《雷雨》《日出》《北京人》《原野》等使其作者曹禺的名字响彻中国戏剧舞台，成为戏剧界最有代表性的作家。

在他们离开重庆动身赴美的时候，张治中先生曾设宴送行，作陪的人中有周恩来、冯玉祥、郭沫若、冰心以及和由延安来重庆求医的江青。当记者问老舍先生对赴美讲学有何感想时，他开玩笑说，此次赴美是去"放青儿"。自喻骆驼，春天，到张家口外，去吃青草，去换毛，然后马上就回来，做更长的跋涉和更沉的负重。他担心自己的肺部可能有问题，去得成去不成还得两说着。他们到上海后，上海文艺界曾举行盛大的欢送会，有一百余人参加，留有合影。老舍说"文协"是中国最干净最华贵的团体，它做事最多而宣传最少，此行赴美，将向国外介绍中国的抗战文学的非凡成就，和"文协"的事迹，并望国内同仁坚持"文协"的一贯精神。启程前美国大使馆也为老舍和曹禺举行了鸡尾酒会。

他们坐的轮船是运输船“史各脱将军”号，3月4日启程，航行17天。

到美国后，由西雅图直奔首都华盛顿，向国务院报到，确定讲学和访问日程，然后由东向西，在大半年里，再由西向东，转了大半个美国，先后访问了华盛顿、纽约、芝加哥、科罗拉多、新墨西哥、加利福尼亚，还到了加拿大的维多利亚岛、魁北克。

他们一路走，一路讲演。在华盛顿大学、在斯坦福大学的小剧场节目社会研究会和人道会议，在西雅图北部作家协会，在费城国际学生总会，在哈佛大学，在哥伦比亚大学，在雅斗文艺创作中心，在其他著名高等学校，他们做了多次公开演讲，老舍讲的题目是：《中国现代小说》《中国抗战文学》。

一年后，曹禺归国，老舍则在纽约定居，在纽约83西街118号租了两间公寓房，过着一种既紧张又孤独的写作生活，一边写小说，组织翻译中国抗战文学，一边关注着国内的战火发展。

自1948年4月起，老舍有6次外出活动：

1948年6月下旬曾到纽黑文耶鲁大学去休假数日；

1948年7月中、下旬到费城乡下赛珍珠女士的农场住过四五天；

1948年8月11日到18日，曾去好莱坞；

1948年11月底到耶鲁去了两天；

1949年1月底至2月初去迈阿密做短期休养；

1949年9月到费城度周末。

二　创作情况和翻译情况

老舍住在纽约，在两年半的时间里，主要创作了两部长篇小说和一部话剧剧本。

第一部长篇小说是《四世同堂》的第三部，取名《饥荒》，按原计划，有33章，共33万字。

《饥荒》的写作时间是1947年的第二季度至1948年6月底。

《饥荒》，从各方面判断，完全写完了，但它的命运不济，没有得以完整地出版，现在出版的《饥荒》是残缺的，不完整的。

《饥荒》写在美国式的16开大笔记本上，用钢笔，横式，有黑色的硬皮，放起来有厚厚的一摞。

《饥荒》手稿1949年被老舍全部带回祖国，1950年交上海《小说》杂志连载发表，不知何种原因，舍去最后的13章未发，在第87章后注有“全文完”字样，致使最后13章一直没有中文版。

《饥荒》更详细的内容存在于英文翻译的节本《四世同堂》中。它的翻译工作是老舍在美期间亲自帮助甫爱德小姐(Iad Pruitt)根据手稿完成的。《四世同堂》英译本1951年由美国哈科克和布雷斯公司(Harcourt and Brace Co.)出版，取名《黄色风暴》(*The Yellow Storm*)。

所谓“节译”是指根据美国出版商的要求，作者在翻译时已经对原著进行了删节，去掉了环境描写和民俗描写；出版时，出版社又二度进行压缩，去掉了个别人物，总字数几乎压缩了40%。

今日《饥荒》的中文本由两部分组成，第一部分是根据1950年《小说》杂志上连载的第68章至第87章，共20章，约14万字，第二部分，是根据甫爱德的英文译本，由马小弥女士译成中文，共13章，约6万字，和原计划相比，章数没变，共33章，但字数少了许多，应为33万字，实际只有20万字，而且其中只有14万字是原作者的，其余6万字是先“中译英”，再“英译中”得来的。

《四世同堂》的翻译者甫爱德小姐从小长在中国山东北部海边的一个美国传教士家庭里，会说中文，会看中文，但不太会写中文，在美国上大学后，又回中国工作了很长时间，是中国人民的好朋友。她完全是个传奇人物，对中国人民怀着友好的情谊，默默做了许多好事，通过社会报务、讲演、募捐、写书，帮助中国发展“工合”运动，帮助中国人民抗战，帮助中国的进步事业，立下了汗马功劳。老舍在纽约的时候，她也回到了美国，而且也住在纽约。他们采取了一种非常奇特的方式合作译书。由老舍念中文稿给她听，她随即译成英文，用英文打字机打下来，再给老舍看，确认无误，再念下一段。他们连续工作了半年，由1948年3月到1948年8月，几乎每天晚上7点到10点在一起工作。甫爱德的翻译受到了赛珍珠的肯定和赞扬，认为译得不错，取得了很不错的进展，应该继续下去。

老舍回国后，还和甫爱德一直保持着联系，通信，互寄贺年片，寄书。

上世纪90年代，在北京在中国现代文学馆主持下曾举行过一次甫爱德纪念会，隆重悼念这位美国友人，有来自美国、日本的甫爱德研究者参加。会后，甫爱德本人著作的中文翻译出版也随之而开展。

老舍在美国完成的第二部长篇小说是《鼓书艺人》，写于1948年的第二季度至 1948 年底，大约用了半年多一点的时间。上午是老舍的创作时间，晚上则和甫爱德一起从事翻译。他是个忙人。

《鼓书艺人》是唯一一部老舍取材重庆的长篇小说，描写抗战大后方的曲艺艺人生活和他们的思想转变。这部书有实际的模特，他们是有名的鼓书艺人傅少舫和养女傅贵花，都是北方人，老舍和他们是朋友，私交甚好。当时，在旧中国艺人的社会地位低下，不受尊重。艺人自己的女儿不卖唱，花钱买别家的穷女孩，培养演技，然后当卖唱艺人赚钱养家。再往后往往当作艺妓或者姨太太被卖掉，再买一个小女孩培养顶替。老舍能以平等的态度对待她们，帮她们写新唱词，教她们表演“抗战大鼓”，受到她们的尊重和爱戴，以至她们家庭的纠纷也常常请他来裁决。他曾帮助傅家养女认字，不再走“卖身”的路，开始新的生活。

在美国，老舍利用了这段经历完成了他的新长篇小说，而且赋予它以新的思想。从这个意义上看，这部小说对研究老舍思想发展有着重要的意义，它标志着老舍思想的重大转折，可以视为其思想分期和创作阶段的转折点与标志物。

《鼓书艺人》是边写边译的一部书，译者是郭镜秋 (海伦郭，Hellen Kuo) 小姐，一位美籍华人翻译家。老舍写几章，交给郭，郭译后还这几章，再取几章新的。所以，其翻译时间大概比写作时间稍拖晚一点，开始于 1948 年第四季，1949 年一季度完成。英文译本正式出版是 1952 年，书名是《*The Drum Singers*》，出版社亦是哈科克和布雷斯公司。

最大的谜是《鼓书艺人》的中文手稿失踪了。除了郭小姐之外没有人见过它，也从来未出版过。

老舍回国之后，创作的第一个大作品是一部话剧剧本，叫《方珍珠》，居然又把这个艺人题材用了一次，虽然，主题已经完全不同了，但这或许可以解释小说《鼓书艺人》中文版从未问世的原因。不管怎么说，《鼓书艺人》和《方珍珠》酷似姊妹篇，一个是旧时代的最后一部，是上篇，另一个是新时代的最初一部，是下篇，时间上相隔得最近，同一类素材被相继加工过两次，出了两个不同的作品，十分有趣，构成了文学史上的一个特殊的文学现象。

《鼓书艺人》英文译本后来被翻回成中文，出了中文版。现在中文读者读的《鼓书艺人》并不是老舍的原文，而是两度转手翻译的，先中译英，再英译中，又是现代文学史上的“独一份”。

老舍在美国写的第三部作品是一部英文话剧剧本，是一部根据他的短篇小说《断魂枪》改编的三幕四场英文话剧。手稿于 1986 年在纽约哥伦比亚大学巴特勒图书馆善本手稿部分被发现。据说是老舍应美国学生的请求而创作的。未正式出版过，从来不被人们所知，也不知道上演过没有。

后来经舒悦翻译有了中文译文，刊登在《中国现代文学研究丛刊》上，以后由香港“勤十缘”出版社出版了中英文对照本，附在 1993 年“勤十缘”的《老舍英文书信集》里，由译者为此剧起了名，叫《五虎断魂枪》。它的发现对研究老舍思想变化亦很有大的用途。

根据老舍英文书信记载，他在美国还创作了一部叫《唐人街》的小说，可惜迄今未被发现，有待挖掘。

老舍在美国期间还从事了一项和创作同等重要的工作，就是向美国和欧洲介绍中国现代文学，他集中组织了 4 部作品的翻译工作，都是他自己的作品，即《离婚》《四世同堂》《鼓书艺人》和《牛天赐传》,《牛天赐传》在英国出版，译者是熊德倪，连同伊文·金 1945 年的《洋车夫》，先后有 5 部老舍作品被集中地介绍给欧美读者。从某种意义上说，由于有了这些翻译著作，欧美读者知道中国现代文学实际是始自老舍。

在这些翻译作品中命运最特殊的是长篇小说《离婚》，这里面有一段很长的故事，按老舍的说法，他为它进行了一场丑恶的奥林匹克竞赛，并力争能在其中取胜。

《骆驼祥子》英译本成为美国畅销书之后，英译者伊文·金于 1948 年又翻译了老舍的《离婚》。但他做了大量的修改和增删，以致面目全非，严重歪曲了原著。老舍多次交涉无效，以致两人合作关系破裂。伊文·金自己成立了“金出版公司”，强行出版经他篡改的《离婚》英译本。老舍被迫再组织一次《离婚》的翻译工作来和他抗衡以维护自己作品的纯洁性和声誉。这就是请郭镜秋小姐来重新翻译《离婚》的原因。老舍为此发电报给上海的赵家壁先生，请他去南京一趟，在政府那里取来了《离婚》中文版权属于老舍的版权说明书，并在上海请美国律师沙博理先生专门做了公证。这份证明打通了《离婚》郭译本在美国出版的道路。后来老舍曾诉诸法律，判决结果是金只能在自己的书店里发行其自己译的译本，不能在其他地方出售，而郭的译本则取得了在美国出版和发行的合法权利。为了和伊文·金的《离婚》

译本有所区别，郭译本取名为《老李对爱的追求》。

此外，老舍信中提到他的短篇小说《马裤先生》也有英译稿，可惜，迄今未被发现，也有待挖掘。

总之，不论是老舍这阶段的创作工作，还是翻译工作，都在中美文化交流史上留下了丰硕成果，它们有份量、有影响，而且带着颇为有趣的故事。

三　老舍的美国档案

在美国依旧保存着一些当年的老舍档案、照片和文物。

现在所能得到的仅仅是其中的一小部分。

信件：在哥伦比亚大学图书馆善本手稿部里保存着 47 封老舍致美国友人的英文信。其中 1 封至赫荻 (Herz) 小姐，他的第一任出版代理人；44 封至劳埃得 (David Lloyd) 先生，他的第二任出版代理人；这些信件披露了六方面的信息：(一) 信中有一段老舍自己评价《四世同堂》的文字："我自己非常喜欢这部小说，因为它是我从事写作以来最长的，可能也是最好的一本书。" (二) 在郭镜秋翻译《离婚》过程中，老舍曾对原著进行过修改，而且自认修改后的《离婚》相当不错。对这点，至今尚无人进行过比较。(三) 信中有围绕着好莱坞的《骆驼祥子》电影剧本发生的一段令人哭笑不得的故事。(四) 老舍先生归国后，于 1950 年 8 月曾加入美国作家协会，而且交纳了会费，这在当时的政治条件下极为不寻常。(五) 信件对老舍先生归国后的创作提供了极为生动而真实的写照，其中，对他的三位老姐姐和大哥的描述，对他归国后最初几部作品创作历程的描述，对京城种种可喜变化的描述，对政府和人民关系的演变的描述，对他自己家庭的描述，对他就任北京市文联主席后种种忙碌情况的描述，都极有价值，可以对他归国后的生活提供客观的判断基准。他由衷地、令人信服地赞扬了新政府，令人读起来极为亲切。(六)他归国后和美国友人的通信关系一直没有中断过，即便在发生了朝鲜战争的前提下，也没有停止，这相当令人吃惊。老舍通过香港要求寄钱、寄样书、和寄评论剪报来，成了人民之间友谊长存的强有力印证。

在上述图书馆中还保存着两箱与老舍著作出版事宜有关的文件，包括合同书等等。

上述图书馆中保存着赛珍珠女士给劳埃得的信，老舍归国后曾向周恩来总理建议邀请赛珍珠访华，认为她是中国人民的老朋友，是美国最进步作家。受周总理的委托，老舍和冰心曾联名向赛珍珠发出了正式邀请信。可惜访问未能成行。

以上这些信件的发现要归功于高美华 (June Rose Garrott) 教授和哥大图书馆善本手稿分部的伯纳得·克里斯特先生。

在甫爱德档案中发现了老舍致甫爱德的信 3 件，甫爱德致老舍的信 3 件，以及大量有关《四世同堂》的信件，主要是甫爱德和劳埃得之间的信件。这批信件的发现主要归功于日本的山口守教授。

在美期间，老舍给朋友写了大量中文信件，但能保留下来或公开发表过的不过 10 封而已，其中最著名的是 1946.6.5 致吴祖光的信，1947.11.2 和 1949.2.9 致楼适夷的信，1948.2.17 致何容的信。这些信强烈表达了老舍想家、想孩子、想祖国的情绪，说自己很不舒服，很孤独，像丧家之犬。不过，他还是尽力鼓励了国内的同伴："我敢说，我们的戏剧绝不弱于世界上任何人，请把上面这几句话告诉话剧界诸友，请他们继续努力前进吧！"

照片：老舍归国时曾带回一些在美国期间的照片，包括个别的彩色照片，后来全部毁于"文革"，经过多年的征集，才又陆续收集到 15 张。这个数目还可望增长，希望在甫爱德档案中能有所发现。现存照片中涉及的人物有罗常培、陈士襄、舒自清、黄雨清、郭镜秋、朱启平、汉斯、牛满江、赵蕴如、瞿同祖、赵曾九等。

文物：老舍归国时曾分赠了一批纪念品给朋友们，如插花的小花瓶给了郭镜秋，此类文物目前仅征集到一件，是写给友人的诗词书法作品，目前保存在中国现代文学馆内。

四　老舍的回国

由 1948 年下半年起老舍患坐骨神经痛病，行动不便，1949 年 4 月病重，入 Beth Israie Hospital 开刀，但手术的效果并不好，行动越加不便。

1949 年 6 月在解放了的北平召开了第一次全国文艺工作者代表大会，两路文艺大军会师北平，会上周恩来向会议主席团成员表达了邀请老舍归国的意愿，决定由郭沫若、茅盾、周扬、丁玲、冯雪峰、巴金、冯乃超、阳翰笙等一二十位老朋友联名写信给远在纽约的老舍，盛情邀请他回国。这封信由中共在美国的地下党员司徒慧敏成功地转到老舍宅中，老舍决定立即动身回国。

天才，學識，仁心与正義感，萃於一身，是謂真正的詩人！

亞翁夫子万歲

老舍

与此同时，国民党体系的朋友，如到台湾不久的吴延环也向老舍发出了邀请，请他到台湾去，说：第一，已经给他在国立编译馆找好了一份工作，只领工薪不上班，照旧写小说；第二，已经在台北市房荒的情况下为他找好了房子；第三，可以派人把夫人孩子接到台湾来。在费城的反共人士也曾经集会，反对老舍回北平。老舍会后表示：我寂寞啊，我真想家，真想国啊。

老舍毅然决定回国。但他当时有一个顾虑，害怕回国后被迫发表反美声明，他为此深深感到不安，他认为美国人民始终是他的朋友。

1949 年 10 月 13 日老舍乘“威尔逊总统号”轮船离开旧金山，经檀香山、横滨、马尼拉到达香港。避开新闻记者的注意在香港大学侯宝璋教授家静养了 24 天，登上北上的小客轮经仁川抵达塘沽港。12 月 12 日回到久别的故乡北京。

老舍在美国几乎没有写过一篇美国游记，也没有写过一篇宣传美国的文字。归国后第二天，周恩来在北京饭店会见了老舍，畅谈了很久，老友相见格外高兴，这次谈话不仅消除了老舍那唯一的顾虑，而且对老舍后来的生活起了重要作用。

归国后，老舍写过几篇关于美国的文章，它们是：

《由三藩市到天津》

《纽约一日》

《美国人的苦闷》

《美国的精神食粮》

《大地的女儿》（纪念史沫特莱）

要作個文藝工作者

必須吃苦

老舍

卅五年春

沪

在这些为数不多的文章中，老舍一方面坚持了一种一如既往的对美国的不卑不亢的态度，并且批评了美国的黑暗面，特别是民族歧视和精神贫乏，另一方面对美国人民表达了热情的友好态度，这也是他的一贯作风。

五　结论

三年半的美国生活，对老舍终归是有重大影响的，大体上看，收获在四个方面。(一)交流：他完成了预定的交流访问目标，宣传了中国现代文学，尤其是中国抗战文学的伟大成就，宣传了鲁迅、郭沫若、茅盾三位中国现代文豪，发表了《中国现代小说》等重要论文和讲演，翻译了自己几部代表作，创作了在思想上有巨大转变的小说和话剧；(二)吸收：他大量地观看了美国话剧、电影和歌舞，他结识了包括赛珍珠、布莱希特在内的进步作家，他大量阅读了美国文学作品，包括福克纳的许多著作在内，达到了广泛借鉴的目的，进行了调整和休整，恰似“放青儿”；(三)观察：他不仅身临其境地观察了美国、加拿大这些发达的资本主义国家，也静观了国内的形势剧变，使他独立地做出了正确的人生判断；(四)思考：首先是思维模式的多元，见多识广，纵览天下，使他能站得高、看得远，有较高的独立思考的能力；其次是思考的深入，使他能对中国现代化进程有总体的把握。

于是，便有了老舍创作生涯的新转折，这一切，绝非偶然。

一个出生在半封建半殖民地穷困落后的国家的作家，在他成名后，先后有机会在两个最发达的资本主义国家累计生活了近 10 年，然后又返回祖国去效力，这是一种少有的个例，是很罕见的，但其作用是巨大的，对一个走在现代化历史进程中的爱国作家来说，极有意义，这就是“老舍在美国”这个课题给我们的启示。

沉寂六十七年半的珍贵照片

最近，意外得到了一张珍贵照片。我已经找了它二十多年。此时，只能用两个字来形容我的心情：狂喜。

它是“中华全国文艺界抗敌协会”成立时拍的合影照。地点在汉口总商会门前，时间是1938年3月27日，距今已有67年又8个月。

对此次合影，在许多作家的回忆文章中都有记载，但从未见过其全貌，原照一直沉寂着，不露面。

我曾在不同的大博物馆中看见过这张照片的删剪件，左侧切到冯玉祥的左半身，右侧切到姚蓬子的右半身，上端截到第6排人头顶部，左右上下明显不齐全。那么，原照呢？没有人能回答上来。找吧，我一直找了它二十多年，结果杳无音信。

我为什么认定此前展出的照片是个不齐全的删剪件呢？因为里面找不到老舍先生。而他，是这次大会的主角之一。会前他和吴组缃一起起草了大会成立宣言，并在会上朗读，他还在会上念了告世界作家书的原稿。会上他当选为理事，后又当选为常务理事和总务部主任。会后他连续发表过两篇文章，一为《入会誓词》，一为《记“文协”成立大会》。在后者中，老舍先生写道：“照相真热闹，拿着相匣的你挡着我，我挡着你，后面的干着急，前面连连地照。照了好半天，才大家有份的都满载而归。”

这肯定没错了，他一定参加了拍照，而且是他被人家拍照。相片里一定有他。

然而，没有。无论怎么找也没有。大概是被剪下去了。

这张照片，之所以重要，不是因为有没有老舍先生在其中，而是，它是一次特别重大事件的见证，在文学史上。

“七七”事变之后，平津的作家退到了武汉，相继沪宁又失守，华东的作家也退到了武汉，华南的作家也有来到武汉的。一时间，武汉聚集了来自北、东、南三个方向的七八百名文化人。这在中国历史上是空前的。出于爱国救亡的考虑，这些作家艺术家走到了一起，不分政治观点，不分左、中、右，决心一致对外，抗击敌寇。当时，党中央派出了周恩来同志坐镇武汉，执行统一战线政策，具体实施国共第二次合作。1937 年底，共产党员阳翰笙同志首先以个人名义倡议成立“文协”，立刻得到各方面的热烈响应。老舍先生正好于 1937 年底只身由济南逃到武汉，立即应邀参加了筹备工作。经过周恩来同志、王明同志和国民党左派领袖冯玉祥将军共同商议，准备请老舍先生出面主持“文协”工作。以后连开 6 次筹备会议，吸收了左中右各派文人，终于于 1938 年 3 月 27 日成功地召开了成立大会。正像周恩来同志所说：

历史上很难找到这样的大团结。

这张照片，就是这次历史空前的爱国文人大团结的如实写真。这里面有邵力子先生、冯玉祥先生、陈铭枢先生、周恩来先生、张道藩先生、老舍先生、胡风先生、田汉先生、马彦祥先生、盛成先生、姚蓬子先生、鹿地亘先生、爱泼斯坦先生等等。

“文协”后来发展得很好，在全国各地设有分会，包括延安分会，搞了许多活动，一直坚持到抗战胜利，以后改名为“中华全国文艺界协会”，是全国文联、全国作协的前身。

这张照片的原照一直保留在张梅林先生手中，他是继萧伯青先生之后成为唯一一名“文协”驻会干事的人。抗战胜利后他将这张照片和其他“文协”档案一起带回上海，并始终保留在上海家中。

在本世纪初，我突然在上海一家文物拍卖行的目录中发现了这张照片的拍卖预告，是一张齐全的，并未截剪。它终于露面了。我立刻决定派中国现代文学馆资料室主任刘屏同志前去竞拍，说好可承受的收购价格上限是5万元人民币。可惜，刘屏同志空手而归。那批“文协”档案以8万元的价格一股脑被国内一位收藏家买走。不过，后来我曾预计，说不定在纪念抗战胜利60周年之际，这张照片可能会冒出地面。结果令我失望，它并未露面。

没有想到，到了年底，它竟突然冒了出来，而且极其偶然。

2005年底，在胡絜青妈妈百年诞辰纪念会暨捐画仪式上，一位叫臧伟强的中年人求我写字。待他取字时，他说他收藏了一批老照片，并且愿意给我看看。我如约去他那儿观赏。拿出来的头一张，竟然就是这张照片。我惊讶得要跳起来。臧先生说，这张照片是他由那位在拍卖会上购得者手中又专门买出来的。我非常高兴地答应为这张照片当场题写跋记。

这张照片已经发黄，边缘有少许破裂痕迹，但整体基本完好，是张原照，非常清晰，确实是齐全的。顶上印有一行楷书体的白色标题文："中华全国文艺界抗敌协会成立大会纪念、廿七．三．二十七。"照片长 19.5 厘米，宽 27 厘米。画面上共有 87 人，只大约相当当日出席者总数的九分之一。据文字记载实际出席者当日上午达到七八百人。会议分成两部分，上半段是讲话，下半段是开会，宣读各项宣言，进行选举。两段中间是在汉口总会商会门外照相，然后步行到普海春饭馆去吃午餐，餐后留在普海春继续开会，省得走来走去。会议中间武汉上空有敌机骚扰，但大家纹丝未动，坚持开会。估计，上部分结束之后，与会者中有不少人就离开了会场，故而照片中找不到他们的身影，如郭沫若、郁达夫等先生，他们有的在上半段中发表过讲演，有的在老舍先生的文章中提到在会上见过面并交谈过。可惜在照片中找不到他们的身影。

见了这张原照，才正式确定散见于诸多博物馆中的那张"文协"成立大会合影照是张截剪过的，只保留了中间部分，是真正的"掐头去尾"。

用放大镜找了半天，终于发现了老舍先生的半张脸。他站在最后一排的中间，戴眼镜，头戴呢帽，被前排的人遮住了脸的下半部。细想想，这个位置倒是符合老舍先生的为人性格。他一向谦虚，不爱出头露面，总是稍后、溜边。

仔细看看这张照片里的人们的站法，倒是一件趣事，那么随意，那么自然，那么不“官本位”，对今日那么重视排位的做法似颇有启发。

此“文协”有两大历史功勋：一是团结，抗战时期是中国文人在历史上团结得最好的时期之一；二是文学走向民间，走向普及，“文协”举行成立大会时，挂在武汉街头的口号是“文章入伍，文章下乡”。应该说，这两个功劳极大地影响了此后的中国文学走向。

所以，这张终于浮出地面的珍贵相片的历史价值是极大的，我称它为“国宝”。

照片很精彩。我相信，此文和照片发表之后，一定会有更多的人关心它，会认出更多的与会者的身份，叫出他们的名字，并引出他们身后的许多故事，会写出许多“中篇”和“下篇”来。我盼着这些“中篇”和“下篇”的问世。

《四世同堂》手稿本故事

《四世同堂》手稿在2001年被国家正式确定首批进入“国家档案名录”的珍品，属于国宝，在40多种国家档案名录精品中它是唯一的文学类作品的手稿，其珍贵性由此可见。

说它珍贵，有以下三点理由：

首先，是由《四世同堂》本身的文学价值所决定。《四世同堂》创作于1944年至1948年。按老舍先生本人的说法，是送给“抗战文学的一个较大的纪念品”。老舍先生在美国时，在致大卫·劳埃得的信中曾经写过这样的评语：“就我个人而言，我自己非常喜欢这部小说，因为它是我从事写作以来最长的、可能也是最好的一本书。”

其次，《四世同堂》在国外有很好的声誉，它有很多外文译本。最早是在美国，由老舍先生自己主持，帮助艾达·普艾德女士将它译成英文，并适当压缩，取名《黄色风暴》，1951年由纽约哈科克和布雷斯出版公司出版，出版后获得一致好评，紧接着又有由英文版转译的法文版在欧洲出版。日文版出版得比较早，而且被认定为反战的教科书。近年，又有一批《四世同堂》外文译本直接由中文翻译出版，而且是全译本，它们中有法文本、德文本、越文本等等，都是各有三大卷，装帧很漂亮，销售得也不错。法国人说："老舍的《四世同堂》让我们想起了沦陷的巴黎！"2006年诺贝尔文学获得者法国人勒克莱齐奥先生1996年在法文本新版《四世同堂》的导言中称老舍先生为自己的老师。

再次，老舍先生自己很珍惜这部《四世同堂》手稿。在1944年，他创作《四世同堂》时，曾遇到日寇轰炸重庆北碚，大家躲进防空洞，只见老舍什么也没拿，就夹个小布包袱，里面装的是《四世同堂》手稿。此时作品尚未发表，尤其宝贵，老舍将它和自己生命一样视为同等重要。《四世同堂》前两部是在重庆发表的，一开始在重庆《扫荡报》上连载，后来由良友图书公司出版《四世同堂》第一部《惶惑》的单行本，以后转由赵家璧先生的晨光出版公司出版，后者印有第一部《惶惑》和第二部《偷生》两部单行本。老舍先生特别嘱咐最初的责任编辑刘以鬯先生，请不要在手稿上做任何出版标记，他要原样收回，由自己保存。他喜欢这份手稿。1946年春他和曹禺先生应美国国务院的邀请到美国去讲学，他居然随身带着已出版过的《四世同堂》第一、二部的全部手稿。自己装订成12大册，很厚一摞。4年之后，又原样带回来，放在自己的书屋柜子里，当然，此时，又多了一部《饥荒》的手稿。《饥荒》手稿1950年交给上海周而复先生在《小说》月刊上连载后，并未发表全，还有13章未发，就冠以"全文完"的字样结束了连载，其次，此第三部并未出过中文单行本。倒是美国出版的《黄色风暴》中有这最后 13 章的英译文。可惜的是，《饥荒》手稿全部毁于“文革”之中，现在中文版的《饥荒》中的前 20 章是根据《小说》月刊上的连载，而后 13 章则是根据美国英译本转译回来的。此次出版的《四世同堂》手稿本只包括其第一、第二部，共 67 章，而没有第三部的后 33 章的手稿。

抗战时，重庆没有好的道林纸，只有土纸，不能写钢笔字，一杵一个窟窿，只能用毛笔。好在，当时的老作家们小时候都练过毛笔字，小楷写得很漂亮。老舍先生的毛笔字尤其写得工整，稿面很整洁，涂改很少，涂改也是规规矩矩用墨涂一个小方块，旁边再加改的字。他的手稿漂亮是出了名的。《骆驼祥子》手稿 1936 年就因为漂亮被责编陶亢德先生出版之后收藏了起来，一页都不短，保存了几十年，“文革”中被抄走，后来，落到上海图书馆手中，被老馆长顾延龙先生发现，设法保护起来。落实政策时又发还给了陶先生。现在人民文学出版社出版的《骆驼祥子》手稿本就是根据手稿复印件印制的，十分难得。可见，老舍先生手稿的漂亮是有定论和共识的。

老舍在北碚写《四世同堂》时用的是竖行的 20 行稿纸，行纹是红纹，没有格。老舍先生每行大概书写 19 至 20 字。当时，他每天写 1500 字左右。一页是 400 字，每天写四页不到一点。字斟句酌，加上身体不好，他写得不是很快，但思索得很久，由笔尖滴下来的是血和泪。

老舍先生生活极有规律，奉行早起早睡的规矩。起来之后先打拳，然后吃早饭，饭后开始站在窗前研墨。窗下是他的简易书桌。砚台是北碚产的砚石做的，方形，形制很简单。窗外是邻家的小楼黄墙、梧桐树和北碚多雾的山色。梧桐树上常有画眉鸟歌唱。研墨时老舍先生从不和家人说话，他已进入创作的酝酿思考状态，有画眉的歌声为他的思索伴奏。他的思绪又回到了他的故乡北平，那里有他受苦受难的乡亲父老兄弟姊妹，他要为他们写、写，写出他们在苦难中的成长，摔掉沉重的文化包袱，获得新生。《四世同堂》的最后一句是："起风了。"

这样的手稿，谁能说它不是宝贝呢。

《正红旗下》中的地理环境

长篇小说《正红旗下》中一共涉及30多处地名。这是一个比较大的数字，需要加以介绍和分析，并从中找出一些有共性的东西。

一，“她要买两条丰台暖洞子生产的碧绿的、尖上还带着一点黄花的王瓜，摆在关公面前。”“丰台暖洞子”是指在北京市西南郊外的丰台区里有一处叫黄土岗樊家村的地方，建有许多暖洞温室，种植高档蔬菜和花卉，长年四季向城里供应蔬菜和花卉，尤以冬天生产新鲜的黄瓜而有名。

二，“她要买些小蒲包装着的，头一批成熟的十三陵大樱桃，陈列在供桌上。”北京市正北稍偏西的方向，有昌平区，有明代皇陵十三座，其周边的农村盛产大樱桃。

三，“在白麻雀的声誉刚刚传遍九城的大茶馆之际，也不知道怎么就病故了”。“九城”泛指北京城。明代所建的北京内城有九座城门，逆时针计有正阳、崇文、朝阳、东直、安定、德胜、西直、阜城、宣武。

四，“到天泰轩叫一个干炸丸子、一卖木樨肉、一中碗酸辣汤，多加胡椒面和香菜，就行啦！就这么办吧！”“天泰轩”是北京的一座大茶馆，具体位置在新街口南大街，护国寺街南边，路西，后改为大饭馆，1949 年后其址改作“峰原药店”，二层楼，现已被拆除。

五，“在我降生的时候，父亲正在皇城的什么角落值班。”“皇城”是指皇宫紫禁城之外的第二层城墙，正好介于紫禁城城墙和北京市城墙之间。现在东、西皇城墙只存名字，如“西皇城根”、“东皇城根”，而墙体已拆除，南皇城墙在东西长安街北侧，尚存，北皇城也已不存在，其位在今北海公园北墙一线。过去，皇城之内是禁区，百姓是不可以进入的，必要时需要绕行。

六，“她三天前就在英兰斋‘汉饽饽’买了几块真正的关东糖。”“英兰斋‘汉饽饽’”在护国寺街西口斜对面，今新街口南大街甲 139 号，路西，尚存在，仍是糕点食品店，但早已改名“桂香村”。

七，“大姐婆家离我家不远，只有一里多地。”大姐婆家在新街口南大街的正西边，在南草场胡同东侧的大乘胡同里，距老舍家只有几百米。

八，“我们与较大的铺户，如绸缎庄、首饰楼、同仁堂老药铺等等都没有什么贸易关系。”“同仁堂老药铺”总店在前门外大栅栏胡同里，路南，现仍是最大最老的老字号中药店。

九，“姑母经常出门：去玩牌、逛护国寺、串亲戚……非常活跃。”“护国寺”正门在小羊圈胡同（今小杨家胡同）南边的护国寺街上，由小羊圈向北向东，经过大羊圈胡同（今大杨家胡同）可通到护国寺西墙外的西廊下胡同（今护国寺西巷）。护国寺建于元代，是北京城内最大最繁华的寺庙之一，每月逢七八两日有庙会，游人甚多，今为北京市钟表眼镜公司所占。

十，“我家离衙门并不很远，母亲可还是显出紧张，好像在到海南岛去似的。”“衙门”是指正红旗满洲都统署，位于阜成门的锦石坊街，距离小羊圈胡同不到2公里。正红旗的满族人指定要住在阜成门一带。

十一，“见着便宜坊的王掌柜，不准再拉你的骆驼：告诉他，你是大姑娘啦！”“便宜坊”是北京的老字号饭馆，属鲁菜系，已有四百多年的历史，现仍存在，有许多分号，过去以卖酱肉熏鱼等有名，现是焖炉烤鸭店，《正红旗下》中写的“便宜坊”位于今新街口南大街46号，路东，房子还在，但已改为“泰夫人影楼”，现便宜坊总店位于崇文门。

十二，“我三舅有五个儿子……他们住在郊外，山高皇帝远”。老舍母亲有三个兄弟和五个姐妹，她是第三个女儿。大舅有一个儿子，叫马海亭，这个人作为模特原型多次出现在老舍小说中，如福海二哥。二舅无后。三舅有五个儿子，分别叫马会全、马敬庭、马增全、马××、马景全。他们是农民，住在德胜门外“蓟门烟树”附近，那里过去叫“黄亭子”。老舍幼年常随母亲回姥姥家，和这些表兄很熟。

十三，“于是就一同到天泰轩去，要了一斤半柳泉居自制的黄酒，几个小烧，吃喝得相当满意。”“柳泉居”是个老字号酒铺，过去专做黄酒，后改为饭馆。原在新街口南大街，护国寺街南边，路东，其址曾改为储蓄所，“柳泉居”迁至路西，门面较大，一直存在，最近才被拆除，尚不知要迁往何处。

十四，“在元宵节晚上，她居然主动带着二姐去看灯，并且到后门西边的城隍庙观赏五官往外冒火的判官儿。”“城隍庙”北京有许多座，这座位于地安门西边。

十五，“在财神庙……在白云观…在厂甸……在大钟寺……”这几处都是北京有名的景点、道观、寺庙和游玩处，其中“白云观”至今还是北京最大的道观，在西城区南端西便门外；“厂甸”在今宣武区南新华街上，是临时性的游乐场所；“大钟寺”在海淀区三环西路北侧，距“蓟门烟树”很近。这四处都是春节时北京庙会的所在地，有表演，有小吃，有集市，游人如织，热闹非凡。

十六，“他连着三晚上去看东单西四鼓楼前的……灯；并赶到内务府大臣的门外，去欣赏燃放花盒……”“东单”是指东单牌楼，“西四”是指“西四牌楼”，“鼓楼”是地安门外的鼓楼，都是北京最繁华的商业区。“内务府大臣的门外”是指恭王府门口，在什刹海西侧，曾是乾隆时内务府大臣和珅的官邸，清末为军机大臣恭王奕䜣的王府。

十七，“大舅与大姐公公也轻易不到牛奶铺里去。”“牛奶铺”并非专指某一家，满族人、蒙古人有喝牛奶的习惯，故北京城内有一些专卖牛奶的铺店，他们卖牛奶、奶酪、酪干等，现在也还有个别这样的店存在。

十八，“母亲只好去买些杨村糕干，糊住我的小嘴。”“杨村”是位于天津、北京之间的一个小镇，以产代替母乳的婴儿糕干粉而闻名。

十九，“他们走得飞快，不大一会儿就到了积水滩。”“积水滩”，又称“积水潭”，又称“西海”，位于德胜门内，距小羊圈胡同不远，是老舍先生最喜爱的地方。

二十，“十成指了指德胜门的城楼……”“德胜门的城楼”位于北京城的西北方向，除正阳门外，是目前仅存的九城中的一个，有城楼和箭楼，过去出兵打仗，军队凯旋时由此门入城。

二十一，“多老大接着说：‘在法国府……’”“法国府”指法国驻华大使馆，过去在东交民巷中段，路北，目前房子还存在，改为官邸，大使馆另有新址。

二十二，“教堂里还有位中国牧师……”“教堂”是指西直门天主教堂，在西直门内大街 139 号，仍然存在，是北京城内四大天主教堂之一，称为“西堂”。

二十三，“……假若听说天德堂的万应锭这几天缺货……”“天德堂”为北京城里的大药铺之一，现不存在。

二十四，“定宅门外已经有好几辆很讲究的轿车……”“定宅”是小说中定大爷的宅子，其原型是刘寿绵的宅子。刘是老舍先生的恩人，在西直门内大街上有祖产，如把他的房子连成一线，能占半条大街。刘圆寂后，老舍先生曾撰写《宗月大师》一文悼念他。宅子现在门牌是西直门内大街 89 号，已为民宅，但破坏严重，面目全非，其格局只能由《正红旗下》的描写中读到。其对面，马路南侧西内大街 58 号，原是刘宅马厩，后改为京师儿童图书馆，老舍先生辞去北郊劝学员一职前后，曾在此短期住过。

摄于伦敦韩石顿公园

二十五，“珍秀斋刚送来，要八十两，还没给价儿。”“珍秀斋”是琉璃厂的古玩店。

二十六，“小山上长满了小树和杂花，最高的地方有个茅亭……可以看到青青的西山与北山。”“西山”“北山”是北京城西边和北边的远山，称为“西山”和“北山”，是燕山山脉的余脉。

通过上面的介绍和分析可以找出以下四个有共性的结论：

一，老舍小说中的地理环境完全是真实的，都是可以在实地找到的，并非杜撰的。故事、人物都可以是作者创作的，但情节发展依托的地理环境却是真实的，这是老舍文学的一大特点，在《正红旗下》中也得到了生动的体现。

二，小说《正红旗下》中所有重要的地点都集中在北京西直门和阜成门之间，恰是满族正红旗的所辖地。老舍先生的父母都是正红旗的旗人，老舍幼年和青少年时就生活在这里。这儿是他的摇篮，日后也成了他笔下人物的活动场所。儿时的记忆不可磨灭，记忆往往是亲切的，而亲切则往往能产生伟大的作品。

三，作家写熟悉的东西往往特别得心应手，容易获得成功，《正红旗下》由人物到地点都是老舍先生最熟悉的，他把它们在脑海中记了一辈子，到晚年终于搬到了纸上，成了一部炉火纯青的代表作。

四，小说的成功往往在细节上，细节上越特别、越细致、越具体就越抓人，这也是写实主义的进步和特长，《正红旗下》在细节上的讲究正好印证了这一点。

《茶馆》在世界

北京人民艺术剧院有一个好主意，打算编辑出版《茶馆》在世界的书。我觉得这一招很好。

首先，《茶馆》走出国门是一件划时代的事，有标志性的意义，应该记录在册，载入历史。话剧本是外国的文艺品种，在中国历史上没有。中国也是戏剧大国，但所有的戏从来都是以戏曲的形式出现的，是唱着表演的，有点像古代的中国诗词，从来都是吟唱的。中国纯粹的话剧是借鉴外国的。欧洲是话剧的发源地，后来传入日本，又由日本传入中国。话剧在中国的历史到2007年也不过才一百年，到1980年，也就是说，在话剧传入中国73年之后，中国话剧《茶馆》第一次走出国门，来到了欧洲，返回到话剧的发源地，在法国、德国和瑞士上演，不仅得到了认可，而且受到了狂热的欢迎。这个循环，对中国话剧来说，有着了不得的意义，标志着它的成熟和实力，是个里程碑。

其次，自从1980年《茶馆》到西欧演出之后，一发不可收，连续到过日本、新加坡、加拿大、美国，也曾在香港和台湾地区巡演过，所到之处，受到一致好评，成了一出在世界上有口皆碑的好戏，声誉极佳。此后《茶馆》这两个字仿佛成了一个代名词，代表了中国和中国话剧。它的作用，或许超过了许多场报告和许多篇论文，教外国人终于有点明白了中国，明白了旧中国为什么实在要不得，也明白了中国为什么要有一场翻来覆去的大革命，虽然在《茶馆》里作者并没有正面地描写革命。《茶馆》是一出典型的老舍式的悲剧。悲剧的力量就在于，当三个老头撒纸钱唱挽歌祭奠自己的余音让你感动得落泪之后，当大幕落下之后，当你走出剧院之后，你会若有所悟。

再次，《茶馆》走到世界差不多快 30 年了，这和中国改革开放的 30 年正好是合拍的。在这 30 年里，中国变了样，速度快得惊人。外国人开始把眼光渐渐转向了中国。中国像奇迹一样，出现在众人面前。世界想更多地了解中国，包括它的历史和文化。此时《茶馆》成了一个再好不过的教科书，而且是活的，仿佛把中国的历史浓缩成袖珍版，在两个多小时里，摆在了世人面前，让他们看到了中国历史上的美与丑、正与反、辉煌与落后，以及中国人在苦难中的不屈和抗争，和那坚持不懈的“改良啊、改良！”这便是《茶馆》的窗口效应和它久演不衰的内因。

最后，《茶馆》是中国话剧艺术已经达到了世界水准的代表者和体现者，包括作者老舍先生的文学功底和丰富的想象力，导演焦菊隐先生别出心裁的完美导演手法，演员于是之、郑榕、蓝天野、英若诚、童超、黄宗洛、胡宗温、董行佶、张瞳、任宝贤、谢延宁、李大千、林连昆等人的表演才华，年轻一代演员梁冠华、濮存昕、杨立新、何冰、冯远征等人的继承和发扬，舞台工作者王文冲、冯钦等人创意和绝活……总之，《茶馆》团队是一个难得的艺术大集体，他们天才而有修养，扎实而有追求，走出了风格，形成了传统，步入了经典。有一个事实足以说明这一点，北京人艺至今仍是全国乃至全世界唯一上演过《茶馆》的剧院。只有北京人艺敢演它，能演它，演好它。他们的经验和体会是可以永存的，也一定会流传下去。

《赶集》再版

《赶集》是老舍的第一部短篇小说集。

《赶集》出版于 1934 年 9 月，由上海的良友图书公司出版，是赵家璧先生编辑的《良友文学丛书》中 46 种图书里的第 11 种。

《赶集》是老舍先生在济南写就的第一批短篇小说的合集。此时，他的正差是齐鲁大学国学研究所文学主任兼文学院文学教授。在这一时期，不论是长篇小说，还是散文、杂文以及短篇小说，都是他利用课余时间创作的。

1930 年到济南之后，老舍先生写了一系列散文，其中最有名的是关于济南的系列散文，如《一些印象》中的《济南的冬天》《济南的秋天》等等，后来被编进了中学语文教科书，成了散文写作的范文。

在此期间，老舍先生还创作了一批幽默的小品文，还写了不少新诗，同样是在 1934 年，比《赶集》早 5 个月，也是在上海，由“时代图书公司”出版了名为《老舍幽默诗文集》的合集。他被誉为最优秀的“幽默写家”。

此外，也许是刚由英国回来，也配合着教学的需要，老舍先生此时，特别是在1931年、1932年，还有一批译文问世，如丘奇的长篇论文《但丁》，在《齐大月刊》上连载了4期。

老舍先生的短篇小说创作，相对来说，起步得比较晚，始自1931年10月的《五九》，距今恰好已有80年了。到1934年9月，收入《赶集》的短篇小说共有15篇。其中，比较有名的是《大悲寺外》《马裤先生》《微神》《开市大吉》《歪毛儿》《柳家大院》《抱孙》和《黑白李》等8篇，特别是《微神》，是他的名作，和稍后的《断魂枪》并列为老舍短篇小说的代表作。

老舍先生自己解释过，书名为什么叫《赶集》：“这里的‘赶集’不是逢一四七或二五八到集上去卖两只鸡或二斗米的意思，不是；这是说这本集子里的十几篇东西是赶出来的。”

白天教书，只好晚上写。写长篇作不便，于是由靠背戏改唱短打。因1932年以后，上海刊物增多，各处约稿者日增，便只好以写短篇小说来对应。

这便是《赶集》的“赶”的来历。他在给赵家璧先生的信中特别提到《大悲寺外》《微神》和《歪毛儿》这几篇，自认为“也还不算坏”。

《赶集》初版本的装帧非常考究，至今，仍是一个里程碑式的样版。《良友文学丛书》分精装平装两种。精装特别精彩。精装书的封面是软布面，书名压制成凹型字，有立体感，下角压有一枚“良友”的徽记，整体显得既朴素又华贵。精装本还特别分别印制了100本作者签名本，非常别出心裁。出版前请作者在扉页左下角印制好的竖形空格内一一签名，编号发行，编号也是事前分别印制上去的。我于 2012 年 2 月在济南收藏家徐国卫先生处见过其中之一，是《赶集》的第 57 本，书皮是绛红绸布的。面对老舍先生 78 年前的亲笔签名顿感无比珍贵和亲切，也品味到出版家的创意匠心和周到细致。

《赶集》的出版和此前《离婚》（1933 年 8 月）的出版标志着老舍先生和赵家璧先生亲密合作的开始。

赵家璧先生（1908—1997）是我国现代杰出的出版家。我曾在一篇悼念他的文章中称他一生中有两个高峰，一个是《中国新文学大系》（1917—1927）的出版，另一个是“良友”和“晨光”文学书系的出版。这两个高峰让他成为中国现代文学出版事业上的第一人，有着不可磨灭的光辉业绩和历史功勋。他和老舍先生有着非同一般的亲密合作关系，在中国现代文学史上留下了重重的一笔，永载史册。

如果说：“良友”时期的赵家璧是众人的伯乐和助手，那么，“晨光”时期的赵家璧则是老舍先生的合伙人和专职编辑，当然，“晨光”也出版别的作家的作品，不过，那都是“副”的，“晨光”的主角是老舍先生。

这是有缘由的。

老舍先生和曹禺先生1946年春受美国国务院的邀请准备赴美讲学，由重庆抵达上海，在上海逗留了 19 天，在那里等船，其间，老舍先生和赵家璧有过重要的交谈。

老舍先生在上海住在友人王景康先生家中。1946 年 2 月 16 日下午

幽默小說家

老舍先生

兩大巨著

生平第一部短篇集

趕集

善寫長篇小說的老舍先生，最近把生平所寫的短篇，彙成這一個處女集，共計十五篇，都十二萬字。在這本集子裏，可以看出老舍先生不但能夠寫長篇，更能夠寫「挺好」的短篇。

作者最滿意的長篇

離婚

「一切都表示了離婚不只在形式上，即在內容上也是一部正確的優美的創作。」

—陳芳若—

時事新報學燈

『離婚這本小說，高出於他先前的一切作品』

—李長之—

老舍先生剪影

良友文學叢書

(1)	魯迅譯　豎琴	十二萬字　翻譯短篇
(2)	何家槐作　曖昧	八萬餘字　創作短篇
(3)	巴金作　雨	十三萬字　創作長篇
(4)	魯迅譯　一天的工作	十二萬字　翻譯短篇
(5)	張天翼作　一年	二十萬字　創作長篇
(6)	蓬子作　剪影集	十二萬字　創作短篇
(7)	丁玲作　母親	十一萬字　創作長篇
(8)	老舍作　離婚	十四萬字　創作長篇
(9)	施蟄存作　善女人行品	十萬餘字　創作短篇
(10)	沈從文著　記丁玲	八萬餘字　長篇傳記
(11)	老舍作　趕集	十二萬字

(一)本叢書完全用布面軟式洋裝，脊燙金，華麗無比。(二)本叢書所用紙張，完全為淡黃色道林紙，封面外面另加書套，開中國文學書出版形式之新紀錄。(三)本叢書內容篇幅自二百頁至四百五十頁，減價期內一律售六角三分，郵費國內二分中。(四)本叢書備有作者簽名本一百冊，書籍保藏家應捷足先得。

每冊原價九角九月前減售六角三分

上海良友圖書印刷公司發行

1934年《良友》刊发的广告与老舍剪影。

的首次聚会上和赵家璧先生相见。两人相约，过几天单独见面，有重要事情相商。2 月 19 日，赵家璧先生在王景康家中和老舍见面，在仅留下他们两人时，老舍握住赵家璧的手，说了一席至关重要的肺腑之言。多年之后，赵家璧先生在自己的回忆录中对这段话有详细的记载。

这里，要插一段注。

赵先生写回忆录，总的来说并不算晚，但唯独写老舍先生却相当迟，几乎是挨到了最后时刻。原因是他有顾虑。

赵家璧先生在“文革”中也吃了不少苦，虽然有鲁迅先生写给他的一批信为他“保驾”，仍是灾难重重，以致在“文革”后很长一段时间里仍然心有余悸，对有的事还是不大敢坦然直说，这其中，最重要的是和老舍合作办书店的事。

“文革”后，赵家璧先生曾多次来到北京，每次必到我们家中来坐坐聊聊。有一次，他单独把我拉到一边，低声问我：“和你父亲合伙办‘晨光’的事，我想了很久，还是不大敢露，不知道现在是不是可以写出来？”

赵先生清楚地知道，这件事和老舍先生的死有直接关系。小红卫兵们在黑八月的那场可怕的暴力事件中，挥着皮鞭逼问过老舍先生：“在美国，为什么要拿美金？”

这个“美金”，后来正是办“晨光”的本金。想到这，赵家璧先生便不敢写了。他怕写出来再给老舍的名声带来什么负面影响。

我当时直截了当地对赵先生说：“请写吧，一定要写。这是历史。用不着顾虑！”

实际，赵先生早已酝酿成熟了，下定决心写出来。

果然，赵先生很快就发表了一篇长长的回忆录，题目叫《老舍和我》，写于 1985 年，其中，有这么一段，我照抄如下，写的是 1946 年 2 月 19 日老舍先生在王景康家中对赵家璧说的一番话：

“家璧，你目前的处境，我从各方面都了解到了。你办出版社的态度一向是认真负责的。‘良友’的名誉卓著从上世纪 30 年代起直至现在，文艺界朋友都知道你曾出了不少力，做出过贡献。但是事业主要靠人去做，牌子仅起小小的作用。现在‘良友’既然有人作梗办不下去了，我们两个人来合办一个新的。一个作家和一个编辑，携起手来，办一个出版社，也可以打出一块新牌子来，你不必恋恋不舍那块‘良友’的老牌子了。我到了美国，可能会拿到一点钱，如果有多，我就给你汇些美金来。你自己也去想法凑一点钱，这个出版社，除了出《老舍全集》外，其他仍然按你过去经营‘良友’的办法多出好书，要为作家好好服务。我仅投一点资，一切由你去主持，赚了钱分我一份，亏本我不管，不能再向我要。我们用‘相见以诚’四个字来共同合作。”

这段话中的“新牌子”，就是后来的“晨光出版公司”。“晨光”的首要任务是出版《老舍全集》，虽然，《老舍全集》这个名称后来并未正式出现，但就内容来看，“晨光”的确出版了全部老舍著作，构成了事实上的《老舍全集》。在“晨光”出版的 39 种文学著作中，老舍的占了 16 种。

“晨光”是一位作家和一位编辑家的合作成果。

“晨光”的原始资金来源于老舍先生，到美国之后，如其所料，他得到了《骆驼祥子》英译本的版税，陆陆续续地寄回上海，总计约2000美元。到1947年10月正式核准注册为有限责任公司时，公司资本总额为5亿元，分500股，赵家璧200股，舒舍予150股，陈熙元22股，陆祖琬98股，胡絜青30股。以上5人为发起人，其中陆、胡是赵、舒的夫人，陈是赵的外甥女婿。公司设在赵的家中，上海哈尔滨路258号，雇员只有一名，是赵的表兄陆元勋。

到1949年底，老舍先生回到北京，曾建议中止“晨光”的业务，但未获批准，拖到1954年4月，在“公私合营”运动中，“晨光”并入了“新美术出版社”，赵家璧被安排到“上海人民美术出版社”，担任副总编辑兼摄影编辑室主任。

过去，作家几乎无一例外都曾梦想过有一个属于自己的出版社，为的是不再受中间商的盘剥。老舍先生也不例外，早在30年代，他就让自己的3个侄子去学印刷技术。他们是他大哥的孩子。一个学检字，一个学排版，一个学印刷，各管一道工序，合起来可以办一个属于自己的印刷厂，将来，又编又印，组成一座完整的出版社。这个梦想后来并未真正实现，但3个侄子里有两个却都学有所成，解放后，一位担任了报纸主编，另一位担任了北京一所大国营印刷厂的厂长。

不过，这个梦想，部分地在“晨光”身上还是得到了实现，它坚持了在版税稿酬上保护作家利益的原则。“晨光”的一般版税都在百分之十五左右，每年春秋两季各结算一次，而且交稿时可以预付部分稿酬。

总之，一句话，赵家壁先生和老舍先生的合作是一次非常成功的实践，出版了事实上的《老舍全集》，还出版了一批其他作家的好作品，给了作家们高达百分之十五的版税，以此漂亮地打造了一个中国现代文学出版业的新高潮，从而在中国图书史上留下了极其辉煌的一页。

话剧《骆驼祥子》追忆

梅阡先生改编并导演的话剧《骆驼祥子》是一出北京人民艺术剧院的保留剧目，一直是“看家戏”，演出盛况经久不衰，颇有名气。

第一轮的演出阵营很强大，祥子由李翔扮演；虎妞的扮演者有三位：叶子、舒绣文、李婉芬；刘四爷由英若诚扮演，车夫老马由于是之扮演。

当年，虎妞的扮演者叶子和舒绣文对虎妞角色的人品把握并不完全一致。叶子曾来找老舍先生讨教，直截了当地问：“您说，虎妞是好人坏人？”老舍先生笑而不答，反问：“你说呢？”叶子不假思索地说：“坏人！”老舍先生既不说是，也不说不是，只是微笑着点点头。舒绣文则认为虎妞并不坏，她性情泼辣，爱祥子，对刘四爷有叛逆倾向，追求妇女地位的独立自主，有点像为妇女解放而奋斗的影子。

于是之自己对扮演车夫老马评价甚高，认为是自己扮演得最好的一个角色，虽然戏并不多。原因是于是之本人出身寒苦，自幼对老马这样的角色比较熟悉，能够恰如其分地把握他的言行和人生态度。

老舍先生本人对话剧《骆驼祥子》的演出持肯定态度，虽然在改编的剧本中时代的痕迹相当明显：祥子的结局没有原著那么惨，而是有了红线，有了希望；虎妞本人也不太坏，有她可爱的一面。这些都和原著有比较大的区别，但老舍先生都愉快地表示接受，以为是时代进步的必然。对梅阡先生的改编在整体上则持赞扬的态度，认为是舞台艺术上的大成功，称赞梅阡先生是个改编高手。

《骆驼祥子》的首轮演出深受观众欢迎。那时，三轮已取代了两轮洋车，“祥子们”都蹬上了三轮。剧院当局曾经免费邀请“祥子们”带家属来看戏。老舍先生也到场。只见剧院外摆满了平板三轮车。“祥子”太太们大多是坐在三轮平板上来到剧场的，一时，场内外情景壮观，前所未有。演出深深打动了老少祥子们和他们的家属，勾起了许多不堪回首的回忆，引出了他们激动的热泪。老舍先生坐在他们之中，同样被他们的激情所感染，散场后老舍执意要请他们吃饭，让他们直接把车蹬到附近的萃华楼饭庄。进门老舍先生就大声地要整只整只的红烧肘子，说吃不完可以带回家去。

鉴于话剧《骆驼祥子》的成功，《人民文学》杂志的主编张天翼先生和陈白尘先生提议要老舍先生写《骆驼祥子》（下集）剧本，仍由北京人艺排演。这个主意不错。老舍先生很中意。他当即要求《人民文学》和北京人艺派人帮助他调查，收集资料，着手创作。《人民文学》派出了崔道怡，北京人艺派了李翔，他们结伴而行，找“祥子们”频频开会座谈，并挨门走访，然后拿着笔记本向老舍先生汇报。

《骆驼祥子》（下集）果然写出了第一幕，中间却被迫搁笔，没有成功。可惜，手稿已经遗失，无从知道其细节。失败的原因大体是技术性的：第一，调查了半天，始终没有发现由洋车夫中间产生过著名的革命者或解放军的将军，短少“模特”；第二，原著中留下来的角色太少，虎妞死了，小福子死了，小马死了，线索太少，续不上。

十多年前，台湾演艺界要演出话剧《骆驼祥子》，邀请李翔和我两人去辅导。我们去了一个多月，最后在台北国家大剧院成功上演了 6 场，场场客满。李翔还扮演了刘四爷。《骆驼祥子》在日本也演出过，完全由日本艺术家演出，还寄来过剧照和海报。

话剧《骆驼祥子》的故事还将演绎下去，仍能一如既往地感人。

最后见证的消失

小杨家胡同8号院是老舍先生的出生地，院里有一棵老枣树，树龄比老舍本人还大，而且一直活得好好的。算下来，它起码有一百二三十岁了，还在结红枣；而老舍先生只活了67岁，差不多只相当这棵树的年龄的一半。

树长得已经远远高过房脊，房子原来就不高，看样子，它比房子要高出去差不多三倍。枝叶依旧相当茂盛。树干长得比脸盆还粗，树皮斑驳，年月的沧桑给它身上留下了纵横的深痕，显得老而弥坚。

这棵老枣树可能是小院子最后的见证了，因为院子的格局虽然没变，但是房子已经经过了多次修整，甚至连墙砖都整体换过了，唐山地震后由现在的红砖代替了原来的灰砖和“核桃砖”。老枣树是这个院子最年长的“居民”，它目睹了小院子的变迁，送走迎来一批又一批住户，眼见小院子的住户和人口越住越多，自由空间越来越少，成了十足地道的大杂院，甚至成了私搭乱建的典型。这一切，都被老枣树默默地看在眼里，它无奈地承受着这一切。它躲在小院子的西南角里，感到自己的生存空间也越来越小了，甚至预感到它自身也成了这个院子的累赘。

这棵老枣树老舍先生写过它。从这点上看，它倒很像鲁迅先生笔下的那两棵枣树。“墙外有两棵树，一棵是枣树，另一棵也是枣树。”

在1937年，老舍先生在青岛和济南开始写他的自传体长篇小说《小人物自述》。因战事弥漫只开了个头而没写完。这部小说非常翔实地记述了自己出生地的一切，包括一砖一瓦一草一木，连这棵枣树也在内。相比之下，《小人物自述》对小院的记述甚至比《四世同堂》里的描写还要详细。

他是这么写的：

院里一共有三棵树：南屋外与北屋前是两株枣树，南墙根是一株杏树。两株枣树是非常值得称赞的，当夏初开花的时候，满院都是香的，甜酥酥的那么香。等到长满了叶，它们还会招来几个叫作“花布手巾”的飞虫，红亮的翅儿，上面印着匀妥的黑斑点。极其俊俏。一入秋，我们便有枣子吃了；一直到叶子落净，在枝头上还发着几个深红的圆珠，在那儿诱惑着老鸦和小姐姐。

及至到了中秋节，我们即使没能力到市上买些鲜果子，也会有些自家园的红枣与甜石榴点染着节令。

描述了这些之后，老舍先生平静而悲凉地道出了自己的感受：

这些个记住不记住都没大要紧的图像，并不是我有意记下来的，现在这些记述也并不费什么心力；它们是自自然然地生活在我的心里，永远那么新鲜清楚——一张旧画可以显着模糊，我这张画的颜色可是仿佛渗在我的血里铸成的。

瞧！这棵老枣树多有地位。

它是象征，象征着一位贫儿心目中的艰苦成长环境。

它是记忆，记忆着一位作家的可亲而又可怜的年迈母亲和她的小家。

它是性格，包含着那所破房和两棵老枣树托起的精神：咬牙，好强，不向命运低头的尊严。

正因为此，我差不多每年都要到那儿看看它，偷偷瞧瞧这位老树爷活得怎么样。万幸，它始终活着。

可是……

去年，我再去时，几乎不能相信我的眼睛：老树不在了。它已被齐根伐去！

地上只剩下一片洗衣盆大小的树桩，极圆，锯口整齐而新鲜，除此什么都没有了。

我不知道这里发生了什么。干吗要这样？它还活着呀。

也许是这个小院子连区级文物保护单位都不是，因此不受保护。

我不明白，也无从求证。

就这样，老枣树由地球上永远消失了，像它的小主人一样，都死于“非命”。

一场悲剧。

叁

高利克同志：

谢谢您的信！我因到廣東去了两个月，所以没能及早作覆，请您原谅！赐書收到，甚谢！

嘱轉达之事，见茅盾与文井两志时必告诉他们。

剛回京，待覆信件甚多，祈恕草草！

致

敬礼！

老舍

四月廿三日

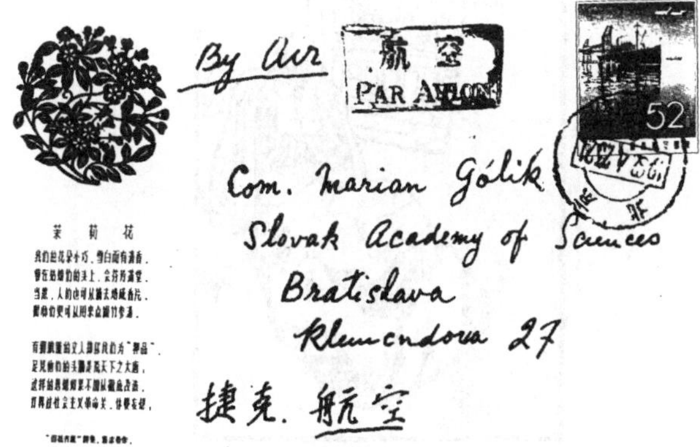

please turn page!

1986年高荣生为老舍作品作插图五幅。

1981 年袁运生作《微神》插图。

1958 年 2 月 11 日在全国人大一届五次会议休息时与曹禺交谈。

摄于1938年。

1945 年 10 月老舍与茅盾（左）、于立群（右）合影。

老舍侧面像。

1946 年老舍在耶鲁大学演讲后与曹禺合影。

1952 年写作照。

1932 年暑假老舍夫妇回北京。与北师同学去西陵旅游，在站台车厢前合影。王向辰（左 1）、卢松安夫人（左 3）、萧伯青（左 4）、王向辰夫人（左 5）、白涤洲（左 6）、胡絜青（左 7）、杨云竹（左 8）、何容（左 9）、老舍（右 3）、祁伯文（右 4）、卢松安（右 5）。

在故宫角楼前合影。卢松安夫妇（左1、2）、胡絜青（左3）、老舍（手扶甘英）、王向辰（左6）、白涤洲（左7）、关实之（左8）、杨云竹（左9）。

1950年5月中山公园牡丹盛开时，胡絜青带子女去赏花与郑振铎一家在花前合影。左起：郑尔康、舒乙、舒立、郑振铎、高君箴、舒济、胡絜青。

夫妇俩与孩子们在院中合影。

重庆文化界邵力子、茅盾、冯雪峰等 29 人发起纪念老舍创作 20 周年茶会。老舍致答谢词时泣不成声，说：“回想这二十年是不容易的事，像拉二十年洋车，抬二十年滑竿那样不容易。”

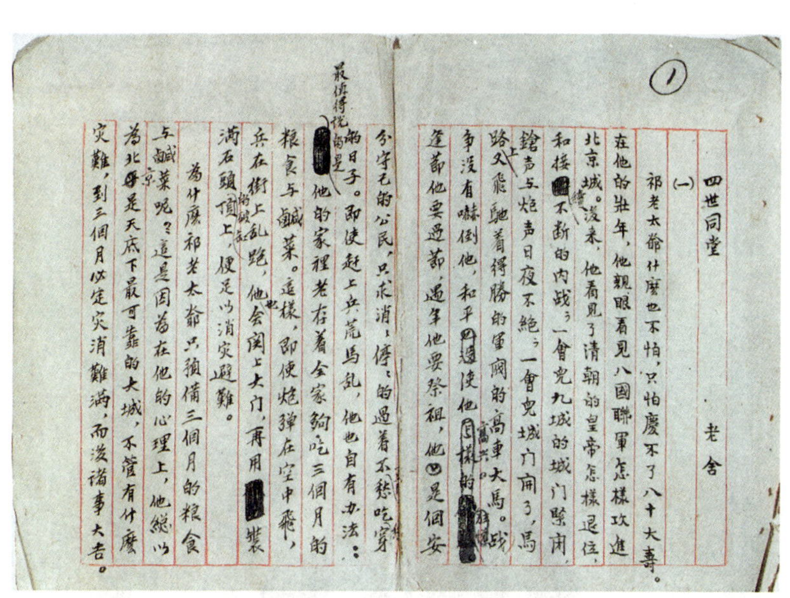

四世同堂

老舍

（一）

祁老太爺什麼也不怕，只怕慶不了八十大壽。在他的壯年，他親眼看見八國聯軍怎樣攻進北京城。後來，他看見了清朝的皇帝怎樣退位，和接連不斷的內戰；一會兒九城的城門緊閉，鎗声与炮声日夜不絕；一會兒城门開了，馬路上又飛馳着得勝的軍閥的高車大馬。戰爭沒有嚇倒他，和平使他欣喜。逢節他要過節，過年他要祭祖，他是個安分守己的公民，只求消消停停的過着不愁吃穿的日子。即使趕上兵荒馬亂，他也自有办法：最值得說的是他的家裡老存着全家夠吃三個月的粮食与鹹菜。這樣，即使炮彈在空中飛，兵在街上亂跑，他也会關上大门，再用裝滿石頭的破缸頂上，便足以消災避難。

為什麼祁老太爺只預備三個月的粮食与鹹菜呢？這是因為在他的心理上，他總以為北京是天底下最可靠的大城，不管有什麼災難，到三個月必定災消難滿，而後諸事大吉。

《四世同堂》首页部分手稿。

1943年9月胡絜青带着三个孩子逃出北平，行程50天历尽艰险，11月到北碚，与刚割治完盲肠的老舍团聚。

一家人定居在蔡锷路 24 号，与老向一家、萧伯青同住“文协”北碚分会的一座小楼里。

1945 年在北碚寓所院内。

从北碚沿嘉陵江上行途经“小三峡”至北温泉。

老舍、赵树理（左）、王亚平（中）在老舍家中讨论文联工作。

1951年春，老舍写作休息时，于院中。

1950 年夏于院中荷花旁。

在院中水缸边。

老舍在会议休息时。

1950 年 4 月老舍购置了四合院。在这个“丹柿小院”中生活了 16 年。

胡风兄：

接信，谢谢！老没写信，因为太忙。近两月来我是上午在家工作，制造妖魔。下午到市文联办公——这是个相当重的包袱。市文联摊子不大，可是办得还起劲；主要的是我与王亚平，端木，凤子，萧亦搞。别处我全不过问，但不能不参加。

家全来了，小济已十七，高中二，小乙（男）已十五，高中一年，小雨十三，初中二年，小立已六岁，要入小学，非常顽皮。

腿还不好，据专家说，还得用刀!!!不过，也有好处，若不是腿坏，我早已被派出国参加这个那个大会。肉倒还没掉，还胖胖的。

信已交平先生，他也忙。

北京今年很热，雨也多，郊外许多地方已淹了。

大猫下了三只小猫，都很丑，但闹得甚欢。小立一天和牠们捣乱。

希望您克服自己，多写点东西，我们都等着看读！见面全先问好。致

敬礼！

老舍

八、九、

（上）老舍与冯乃超（中）、阳翰笙（右）合影。

（下）1950 年 8 月 9 日致胡风的信。

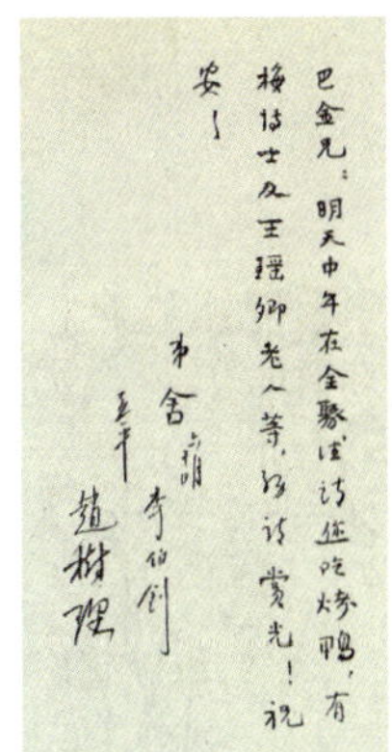

巴金兄：明天中午在全聚德请您吃烤鸭，有梅博士及王瑶卿老人等，务请赏光！祝安！

弟 舍 敬
李伯钊
王平
赵树理

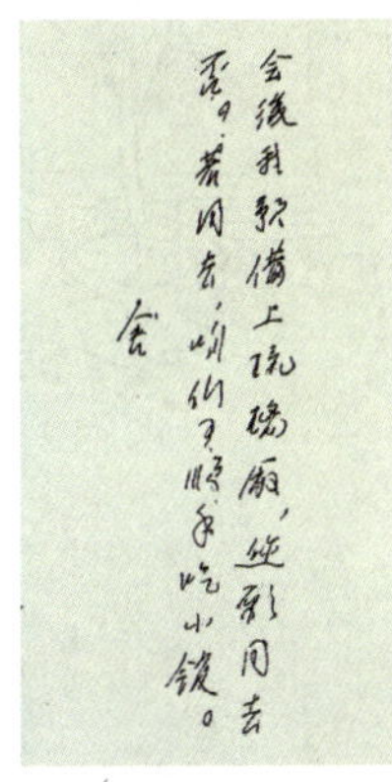

会後我预备上琉璃厂，您能同去否？若同去，咱们可顺手吃小馆。

舍

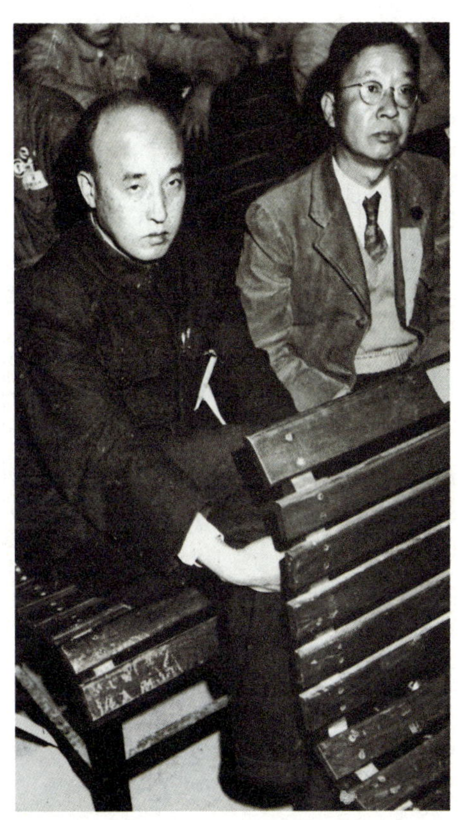

（右）1950 年 9 月全国战斗英雄代表大会，老舍、胡风到会。

（左）会议期间老舍写给巴金的便条。

1986 年韩羽作插图 4 幅。此为其中两幅。

1981 年，袁运生作《柳屯的》插图。

方成绘

老舍画『画』

老舍是作家，不是画家，谁也没见过他画画，他看画，爱画，收藏画，评论画，只是不画；或者，更确切地说，不会画。他说过：“由小时候起，我就懂上图画课。”意思很清楚：命中注定，成不了画家。他从小就喜欢写字和作文。

看画家们作画，常引起老舍的诗兴和书兴，免不了凑凑热闹，挥笔题诗写字，久而久之，成为他的一大爱好。不过，心里再痒痒，他也不敢画几笔。有一次，在北戴河，实在是画兴大发，在纸上点了许多墨点，是为“大雨落幽燕图”。

最近，翻老舍先生的旧笔记本，无意之中，发现了几幅他涂抹在笔记本上的钢笔“画”，这大概是他仅有的亲笔画吧，如果它们也能叫作“画”的话。

记得，见过普希金和恩格斯手稿上也有信笔涂抹的小画，它们当然都是不准备发表的，只能在手稿上看见。我得感激后来的有心人把这些手稿小画发表了，我觉得很有意思。不知什么道理，这些小画，好像能使我对普希金和恩格斯了解得更多一些，更深一些。当我注视这些随意勾画的小画的时候，我的心灵好像俨然能得到一些意外的启迪，使我站得和他们似乎近了一些。

美国小说《战争风云》中有一小段妙笔，同样使我难忘：斯大林在开会听别人讲话的时候，常常爱在自己的笔记本上画小画，画的是狼。

类似的小画，大多是无意识的涂抹，定要说它们有多大的意义，恐怕相当勉强和不着边际。充其量，它们或许是些极小极小的窗口，人们可以从中窥见一些个人的风格和爱好的秘密。

那么，老舍先生的小画的奥秘是什么呢？

我说不上来。

画的是小花、小人和蔬菜。

画法真是拙笨，确实，一点绘画的才气也没有。

他画的大萝卜和小蝌蚪，我敢说，有齐白石的痕迹。老舍爱齐白石，对齐老人的作品推崇之极。到底是齐白石大师什么东西吸引了老舍呢？这大萝卜和小蝌蚪给了点启示——他的乡土气息。

他画得最多的是小花、小草花，不起眼的小草花，而且永远是一朵。

顶好笑的是小人——一个戴了一顶又尖又高的帽子的小丑，题名“尖端人物”，那滑稽的样子和题名的俏皮，教人想起了老舍作品中常有的幽默。

尖端人物

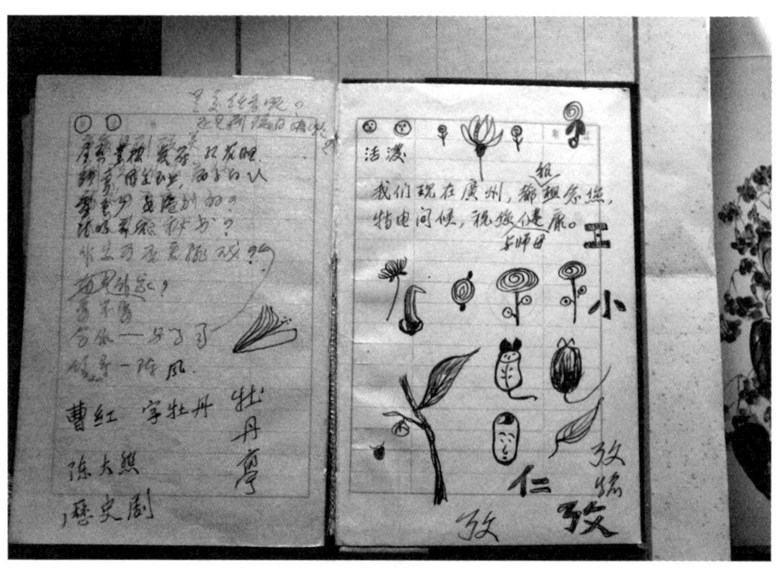
曹红　字牡丹
牡丹亭
历史剧
活泼

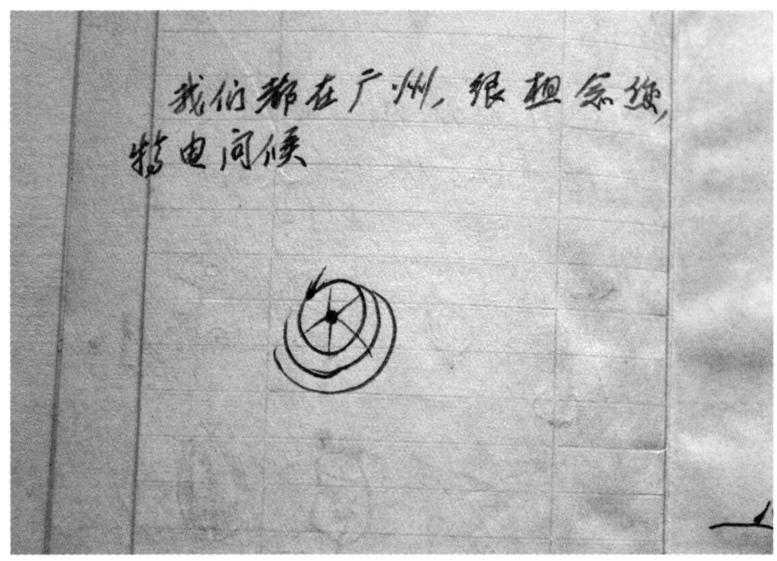

老舍画在自己笔记本上的小画。

老舍和书的故事

老舍先生是读书人，也是写书人，一辈子和书打交道，留下了不少和书有关的故事。

写家（老舍先生总称自己为写家，不说作家）离不开字典，老舍先生的案头老有一部字典，他常常在写作过程中使用它。这是一部按语音查部首的字典，而且是老式的，是按“ㄅㄆㄇ”那种。这种字典对写作来说很实用，先知道音，然后按音查字。

现在找到的最早的一本老舍藏书竟然是一部《辞源》，扉页上有他的题词。写得很有些伤感，大意是：买不起大部头的，好歹总算有了一部属于自己的书。

这段话算是他的藏书之“源”吧，带着他的人生苦涩。

老舍先生自打师范毕业之后，他的第一个读书高潮是英国时期，即 1924—1929 期间，那时他 25—30 岁，正在英国伦敦大学东方学院当讲师，教英国人说中国话和念四书五经。空余时间很多，为了学好英文，他开始大量阅读英文的原著。

那个时期的阅读方式明显分为两个阶段：第一个阶段可称为“乱读”，第二个阶段为“有选择的重点读”，又叫“系统读”或者“一人一部代表名作”。

对“乱读”，好理解，即抓到什么念什么，无计划、无选择，其中有名著，也有女招待嫁给了皇太子这样的东西。“乱读”并不是什么专业的书都看，对他来说大部分还是文学类，有少量的科幻读物，如威尔斯和赫胥黎的著作。“乱读”也有很积极的因素，在最早的读物中有莎士比亚的《哈姆莱特》，有歌德的《浮士德》，有狄更斯的《大卫·柯波菲尔》等名篇。老舍先生喜欢上了狄更斯，觉得很合他的口味，视他为写作的老师，很想模仿他，自己也试一试。做比较文学的学者曾以嬉戏的口吻说，以老舍的文学成就而论，可以比作英国的狄更斯或者俄国的契诃夫。这样的比喻，不是一点道理也没有。

为了学英文，老舍开始念名著，而且是系统地念，由希腊悲剧念起，当然只是念英译本。据他自己说，念得很辛苦，因为有的名著并不好念，念起来索然无味。那也不怕，愣念，死啃！

所谓系统地念，是有次序的，先读欧洲史，再读古希腊史，然后是希腊文艺，古罗马史和古罗马文艺。古希腊是由《伊利亚特》开始，接着是荷马的《奥德赛》。可惜，都不太喜欢。看了希腊三大悲剧家之后，又看了阿里斯托芬的希腊喜剧，觉得喜剧更合他的口吻，和他正在写作的长篇小说《赵子曰》在风格上也很合辙。他最喜欢希腊短诗，它们让他沉醉。古罗马的文字让他感到气闷，包括弥尔顿和维吉尔的诗，他只从罗马散文中体会了罗马的伟大。读完了这些，该读中古时代的作品了，他读了北欧、英国、法国的史诗，均不甚了了。他非常喜欢文艺复兴时意大利但丁的《神曲》，几种译本都收集到了，还读了关于但丁的论著，一时成了“但丁迷”，以为《神曲》是天才和努力的顶峰，让他明白了文艺真正的深度，《神曲》里不光有人间，还有天堂和地狱，让他明白了肉体和灵魂的关系，而文学是应该关注灵魂的。

对上世纪十七八世纪欧洲的复古主义作品，他颇有好感，觉得文字应该先求简明和思路上的层次清楚，然后再说别的，这点很可借鉴。

最后读到近代的英法小说，此时，大概已是1928—1929年，他已开始写长篇小说《二马》了。他先打听了近30年第一流作家和每一位作家的代表作。订了一个计划，对每一位作家最少要读一本作品。可惜，那个时代的小说实在太多，名著也多，常常读了一本代表作之后，忍不住要再读他的另外的名著，而使计划落了空。英国的威尔斯、康拉德、梅瑞狄斯，法国的福楼拜、莫泊桑的小说都占去了老舍很多时间，好像一下落在了小说阵里。这些小说对他产生了很大影响，让他明白现代小说要用引人入胜的方法去做某一事物的宣传，要有写实的态度和尖刻的笔调，要成为人生的教科书和社会的指导者，而不只供消遣，但又不是社论和说教，要健康、崇高、真实。多读，知道的形式多了，可以有助于寻找到最合适的写作形式，但又不刻意去模仿某一派的文风。

1930年回国后，老舍先生又读了许多19世纪俄国的作品，觉得它

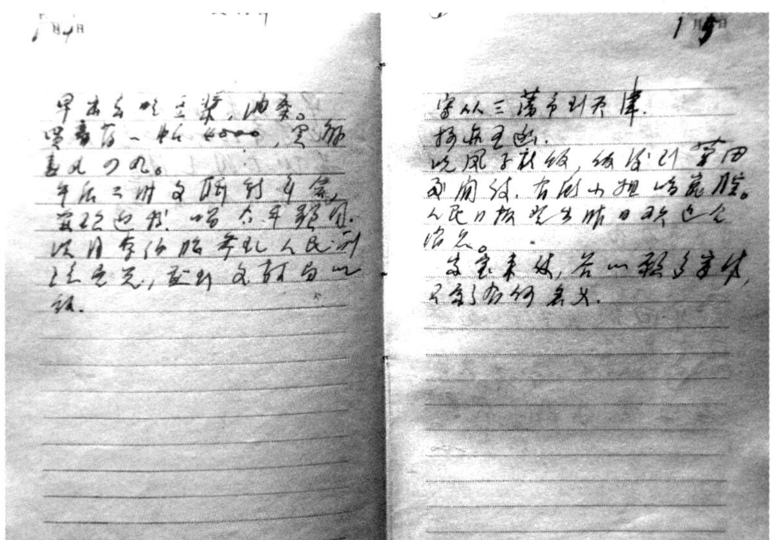

老舍日记

们是伟大文艺中“最”伟大的。

为什么一位没有正规大学学历的人，居然回国之后，敢于先后在两个著名的高等学府开了多门的文学课程。这就是因为老舍先生在英国的 5 年之内念了不少书，肚子里有货了。老舍先生先后在齐鲁大学、山东大学开了以下这样的课：

“文学概论”

“文艺批评”

“文艺思潮”

“小说及作法”（又名“小说作法”）

“世界文艺名著”

“欧洲文学概要”

“高级作文”

“欧洲通史”（又名“西洋通史”）

当然，开这些课，按大学里的规定要亲自写讲义，由学校刻印后发给学生。老舍先生备课极认真，白天躲在图书馆里看书写讲义备课，并没有时间写长篇的小说。仅以现在发现的舒舍予著齐鲁大学的《文学概论讲义》为例，他在此书中直接引用了多达 140 位古今中外学者和作家的论述、作品和观点，可谓丰富多彩、旁征博引、扎实有据。至于他的长篇小说，虽然一年一部，但都是在暑假中“玩命”才写出来的，而绝不肯在授课期间，在用功读书上马虎，误人子弟。

这就形成了他的第二个读书高潮，以备课为中心的读书高潮，目的性很明确，有他的讲义为证。

老舍先生买书藏书始自英国。当时他的年薪相当低，只有 250 英镑一年，相当一个本地大学生的助学金。3 年后，经过申请，才涨到 300 英镑。他还要寄一部分薪金回国赡养寡母。由于经常吃不饱饭，处于半饥饿状态，身体过瘦，得了胃下垂的毛病。但他还是精打细算，省钱买书。回国时竟带回来不少图书，其中最珍贵的有原版的《莎士比亚戏剧》全集。

到济南、青岛教书时，薪金之外还有稿费，生活条件大为改善，他开始大规模购买图书，书屋里有不少书架，到抗战前夕已有相当规模的藏书。

1937 年“七七”事变爆发，那些书籍、字画、家具以及书信都下落不明。后来听说，日本军队进驻了齐鲁大学，学校的资产被洗劫一空。老舍先生对这次重大损失伤心不已，从此以后，老舍先生基本上不再买书，免得丢了以后太伤心。

他的悲剧也是当时全中国读书人共同的悲剧，时代所定，无一幸免。

1949 年以后，老舍先生又开始存书了，不过真正自己买的并不很多，绝大部分是赠书。新版《鲁迅全集》出版时，第一时间，他派子女去新华书店排队购得一套，整整齐齐地放在书架上，并把由美国带回来受周总理之命邀请他回国的信函夹在《鲁迅全集》的某一卷里。可惜，“文革”抄家时连书带信全被抄走。归还时，《全集》已不是原书，珍贵信件下落不明。

书架上有一套解放区新文艺丛书，大约有四五十本。他曾利用这套书的书名于1950年初改写了一篇传统相声——《文章会》，是贯口活，交给侯一尘、侯宝林为首的相声改良小组的艺人，让他们在大众曲艺社里排演，在正阳门城楼上正式演出，从而掀开了相声改良的序幕。

此后，老舍先生的藏书基本上都和他的写作有关，是直接为他的创作服务的，属于创作资料，譬如他有一大批义和团的史料书籍，是为创作话剧《神拳》而专门搜集的。还有康熙皇帝的有关史料，这是毛主席建议他写康熙大帝之后特地找来阅读的，不过，这个题目对他来说太过陌生，他并未动笔。

老舍先生最喜欢的书是什么？

诗人里他喜欢李白、陆游、苏曼殊、吴梅村的诗词。

古典小说里他喜欢《红楼梦》《金瓶梅》。

现代作家中他最佩服鲁迅。在重庆纪念鲁迅逝世2周年、4周年、6周年、9周年纪念大会上，他两次当众朗诵《阿Q正传》，一次是第2章，一次是第7章，受到热烈欢迎。1956年在北京纪念鲁迅逝世20周年大会上，老舍先生致了开幕词。

他根据英文翻译过叔本华的作品，翻译R·W·Church写的长篇论文《但丁》。翻译过F·D·Bereford的奇幻故事《隐者》。还翻译过Algernon Blackwood的小说《客》。

为纪念萧伯纳，翻译了他的两幕话剧《苹果车》。

他于1935年写过一篇以“我最爱的作家”为题的论文，题目叫《一个近代最伟大的境界与人格的创造者——我最爱的作家——康拉德》。

1943 年在《人间世》杂志 19 期上，对回答征询“1943 年我爱读的书籍”一栏中，老舍先生的回答是：“（一）《从文自传》；（二）Epicdad Romahcby W·P· Ker;（三）《古今大哲学家之生活与思考》。”

由以上这些并不完整的译著清单、论文和征询回答也可以看出老舍先生读书的趣向和多样，还有做学问的深度；虽然，只是全景中小小的一角。

我们一家人和西城

其实，我们一家人都应算地道的西城人，土生土长。

父亲和母亲都是满族正红旗的人。按照清朝的规矩，在旗的人是不能乱住的，都必须按规定住在指定的旗区内。正红旗的旗人被分配在北京的西北角，在西直门和阜成门一带。上三旗的护军负责紫禁城内的防务，下五旗的负责紫禁城外的防务。正红旗属于下五旗，祖父的站岗岗位在天安门。清朝末年，大概一切祖宗规定的制度都不是那么严格了，祖父成家之后由营房中搬了出来，买了一处在护国寺北边的小院，带着妻子和孩子开始单过。当然，每天天不亮就要步行到紫禁城去上班值勤，腰里别着腰牌，挎着铁片做的腰刀。看地图，小羊圈胡同已经出了正红旗的领地，跨到了黄旗的界内，不过，跑得不远，刚刚过界。

最近，我由故宫博物馆 2003 年出版的《历史档案》中读到韩建识先生写的一篇文章，经他考证，祖父永寿死于光绪二十六年（1900），年龄38岁，职务是“护军枪兵”，同期阵亡的还有其他13名军官和兵丁。这么说来，他的实足年龄当是36岁，是1863年生人。

按阴历算我的生日是7月18。比祖父牺牲的日子仅晚两天，当然，是35年之后；尽管如此，我依然常常有一种“转世”的怪想法。

祖母姓马，比祖父大3岁，是德胜门外蓟门烟树旁边一个只有四五户人家的小村里农民的女儿，也是旗人，婚后随夫家住进城里。父亲是她的幺儿子，是她40岁时生的。祖父阵亡之后，祖母担负起一家人的生活重担。小羊圈胡同之后曾两次搬家，越搬院子越小，房子也越矮，但都没出西直门那一带。她还在那里的小学校里担任过工友。

父亲在京师第十三小学读书，毕业后考入三中，半年后，又考入完全公费的北京师范学校。这三所学校全都在西直门一带。三中至今还在原址，父亲当年念书的那间教室已被辟为他的纪念室。由父亲诞生之日起，一直到1918年北师毕业，他始终没有离开过西城。西城是他的摇篮。难怪日后在他的小说里，如《老张的哲学》《赵子曰》《离婚》《骆驼祥子》《四世同堂》《正红旗下》等，西城的许多地方都被当作小说的地理背景加以细致的描述，更有甚者，在散文《想北平》中，西城的积水潭被他自己称为“摇篮”，他说：“**面向着积水潭，背后是城墙，坐在石上看水中的小蝌蚪或苇叶上的嫩蜻蜓，我可以快乐的坐一天，心中完全安适，无所求也无所可怕，像小儿安睡在摇篮里。**”

母亲诞生在西城阜成门内宫门口西三条9号。我的外祖父是一位满族官员，当过正红旗的参领。母亲是北京师范学校女生部的毕业生，后来考入北京师范大学国文系。她是走读生，直到大学毕业她从未离开过西城。

婚后，1931 年，她随父亲到了山东，一住就是 7 年，生了 3 个孩子，抗战全面爆发后才于 1938 年回到被日军占领的北平，住在娘家分给她的院子里，门牌是宫门口西三条 11 号，一切生活重点又回到了西城。

这一次又住了 5 年。

我便是在这 5 年内随母亲住在北平西城的，由 3 岁住到 8 岁，度过了我有记忆能力的童年，虽然，那是一个并不愉快的童年。

我曾在北京帝王庙里上过幼稚园。

记得前几年，我受西城区政府的邀请去参观修复中的帝王庙。我向接待我的工作人员说，我曾在这儿上过幼稚园。对方大感惊讶。我还记得，那是庙的东小院。当时属于熊希龄先生创办的香山慈善院系统的女子学校的附属幼稚园。

当时的我是个特别愚钝的小男孩，完全不开窍，不说不唱不跳不跑，但每天按时来按时走，平时呆若木鸡，坐在小板凳上“参观”别的小朋友活动，乖乖地过了两年。妈妈日后经常笑我，说我是“坐红椅的”。

母亲当时在辟才胡同的师大女附中任教，教国文，以此养活我们一家人，还要替父亲供养我的祖母和大爷一家，负担相当重。

我的小学是西城福绥境小学。我一直上到三年级开学，于 1943 年秋跟随母亲逃出北平，用了 50 多天的时间到达重庆北碚和父亲团聚。从此便离开了北京西城。

一个很怪的现象是，父亲虽以写北京而闻名，但当他写北京之时，大多是他并不在北京的时候，他分别先后住在伦敦，在济南，在青岛，在武汉，在重庆，在纽约，总之不在北京。

这是个很有趣的现象。

同样有趣的是，他一旦离开西城，就不再返回，仿佛故意逃避似的。

他考入北京师范学校时，才 14 岁，从此离家，住校，不再回家，凄凉的回忆使他再也不愿回去了，或许。

但他在小说里，在散文里，却一遍一遍地回去，反而成了不朽的追思。

亲爱的西城，你是我父母的诞生地，他们成长在你的怀里，和你有千丝万缕的联系，至今还留有许多他们的足迹，他们在自己的作品里或者画里无数次地描述了你，你今天虽然渐渐发达了，但是老西城，你的美丽，你的历史，你的痛苦，你的欢乐，你的魂魄，也许正因为有了他们的描述而可以永存，并让世人为你而骄傲。

西城，为这一切，我们一家人，打心眼里惦念着“你”……

老舍和仿膳

北京有两个地方有老舍先生题写的匾额，一个是天桥的“万盛剧场”，另一个就是“仿膳饭庄”。

“仿膳饭庄”位置特别好，在北海公园的中心，在琼岛长廊的北段，是个游人必经之处。饭店入口处有宽敞的大红门，左右有两块木隔板，上面各刻着两个漂亮的大字：仿膳，下面署名：老舍。这种店名的布局，既醒目又典雅，非常的别致，又和北海的格局融为一体，宛如它的一景。

当年北海公园北岸还有一个北海餐厅，是个大众食堂，也是求老舍先生题匾的。匾额悬挂出来之后，老舍先生听到了这样的议论，怎么北海两处饭馆都是老舍一个人题名，这个家伙一定嗜吃。老舍先生听后，很高兴地说：得，以后甭再为饭馆题匾了。

老舍先生很喜欢仿膳，他喜欢这个地方，也很欣赏仿膳的菜和点心，除了有宴会之外，他自己常常带孩子来吃饭，还要把肉末烧饼揣回家来。看得出，他满意“仿膳”求他题匾，也满意自己为仿膳题写的字。当时，许多店员并不认识他。每次他和孩子来吃饭，他会悄悄地由后门溜进来，对服务员说："我就是给你们写'仿膳'那两个字的人。"然后找一个安静的小旮旯坐下，点几样"仿膳"拿手的菜。

可惜，好景不长，"文革"初起，老舍先生自沉于太平湖。北海公园也关了园，仿膳也停了业。公园有一个时期竟成了江青的私人休养地。她让人把"仿膳"两字下面的"老舍"名款挖掉。残缺之处另补两块木头上去，留着明显的挖补痕迹。

周恩来总理晚年重病缠身，住在北海旁边的"305医院"，有时会在医护人员陪伴下到北海来散散步，个别时候还到仿膳来用餐，吃得很素淡，也很简单。他看见饭店门口"仿膳"两字下面的名款被挖掉，便对旁边的老服务员说："你知道这字是谁写的吗？"然后不等回答就说："还是把老舍的名字补上去。"

有一回，盛夏，重病的周总理又来到北海岸边，默默地望着湖水，良久，忽然问旁边的人：你知道今天是什么日子吗？

被问者想了半天，8月24日，并不是什么特别的日子，答："不知道。"

周总理说："今天是老舍先生的忌日。"

过了一会，又问："你知道他是怎么死的吗？"

答："知道一点，但不详细。"

周总理马上口气很坚定地说："我知道！我来讲给你听。"

是那湖水，引发了周总理对老舍先生深深的思念，和他对老舍之死的无限惋惜之情。

后来，在纪念周恩来总理诞辰100周年的时候，拍摄了一部有关他的生平事迹的大型传记故事片，由王铁成主演，里面再现了上述的发生在北海旁边的对话情景。

可见，这段往事分量之重。

打倒“四人帮”之后，北海公园又向公众开放，仿膳也恢复了正常营业，而且蒸蒸日上。“仿膳”两个大字被重新油饰过，闪闪发亮，下面的“老舍”两字也名归原位。

人们再看见这个匾额和名款的时候，心情会变得远比过去复杂，因为它无意之中，升华成了对这位人民艺术家的一个纪念，又宛如是一件历史变迁的活见证。

一颗温暖的心

——巴金致胡絜青信

最近，收拾妈妈胡絜青的遗物，发现一批老朋友在打倒“四人帮”之后写给她的信，其中有巴金先生的一封，是他在那一段时间里写给妈妈的头一封。信从未发表，现将它公开，并做注解，作为对前辈的一种缅怀吧。这是一封充满温暖、真情的信，感人至深，还带着丝丝苦难的悲哀。信全文如下：

絜青同志：

兴志同志交来您的信，读着读着，仿佛又到了你们家里一样。这些年常常想念你们。小林从北京返沪，谈起您对她的关心和照顾，十分感激。许多话只好留到见面时畅谈。几个月前我谈到日本作家井上靖纪念舍予[①]的文章[②]，很难过。最近我在一篇散文里[③]也曾提起一九六六年七月十日我在京最后一次看见他，他对我讲的最后一句话。虽然只有一句话，刊物即出，我还是要寄给您看看，作为一个朋友的吊唁吧，我已经沉默了十一年了。舍予的作品，我当在这里托旧书店蒐集，倘使找不到，我就把我家里收藏的寄给您。请保重。

祝好！

巴金

廿二日[④]

① 舍予，即老舍先生，1966 年 8 月 24 日遭残酷迫害后自沉于太平湖。巴金先生写此信时老舍先生尚未正式平反。

② 日本作家井上靖先生于老舍先生不幸去世后第 4 年写了一篇悼念文章，取名《壶》，发表于日本《中央公论》1970 年 12 月号上，是井上靖先生的名篇。当时正是“四人帮”横行之时，发表此文的作用和意义不言自明。发表之前，井上靖曾将此文给了日中文化交流协会的白土吾夫，要他看看。白土先生担心地说：“此文一发，恐怕再也不会被允许到中国去了。”而井上靖先生是擅写中国历史题材的日本作家，不再被允许到中国去意味着什么，恐怕没有比井上先生自己更清楚的了。井上先生听了白土先生的话，沉思了片刻，斩钉截铁地说了一句话：“我宁愿不再到中国去，也要发表它！”巴金先生 1979 年 12 月 15 日在《怀念老舍同志——随想录三十四》中大篇幅地介绍了井上靖先生这篇文章，对他的勇气和正义感表示敬佩，并深情地描述了他本人第一次读这篇文章的难过心情。

③ 见巴金先生散文《最后的时刻》（1977 年 12 月 15 日），此文最后一段是：“就在那一天我最后一次看到老舍同志的时候，他对我说：‘请告诉朋友们，我没有问题，我很好，我刚才还看到总理和陈副总理。’说到‘总理和陈副总理’，他的声音流露出极深的敬爱的感情。这个声音今天还在我的心里激荡。”

④ 即 1977 年 12 月 22 日，有邮戳为证。

老舍赴美前后的十二封信

老舍先生前后在美有接近 4 年的样子。这段历程是他生平中的一段空白，记载较少，资料也贫乏，因此这 12 封信具有重要的史料价值。

这 12 封信均属于工作性质的函件，主要是交代中华全国文艺界协会（简称“文协”）的工作。“文协”成立于 1938 年 3 月 27 日，成立大会在武汉召开，后迁往重庆，全称是“中华全国文艺界抗敌协会”，抗战胜利后，改称“中华全国文艺界协会”。1945 年底 1946 年初，文化人均纷纷返回下江，“文协”总会也移至上海，又逢老舍先生出国，要移交工作，故这 12 封信都是围绕“文协”移址和移交工作而写，有着相当具体的内容，包括许多嘱咐和提醒。不论是对老舍生平的研究，还是对“文协”这个组织的研究都是必不可少的史料，有着填补空白的意义。尤其是在给梅林的信件中，在细微处显示了老舍先生的性格和作风，他的与人为善、热情、周到、细致，以及办事的严肃认真，读来令人感动。

信中谈到美国朋友对中国文人的两次捐助，都十分具体和详细，是老舍和曹禺经手的。信中对两笔捐款的来历、用途和交接方式都有详细交代。信中反复强调这两笔捐款都是美国朋友私人捐款，和美国政府无关，不可误会；其次，强调这些捐款并非伸手向人家诉苦索要的，而是美国友人主动捐助的。这些信件从一个侧面也反映了老舍的处世为人和办事态度。

这12封信的原件均出自山东济南的收藏家、“聚雅斋”美术馆馆长徐国卫先生之手，他在前些年几经周折将这些信件征集到手，并于今年二月向外界正式披露，而且慷慨地表示愿意无偿地公开发表，在此，应对徐国卫先生表示衷心的谢意。

舒乙

2011年4月10日

第一封　老舍致太侔　1945.10.6.

太侔[①]先生：

美政府约舍赴美一年讲中国现代文艺。此行对舍身体精神都裨益匪浅，务祈帮忙，请部中按出国讲学条例，从速批准，以便去请

① 太侔为赵太侔。

护照。磕头磕头！二月一日即可动身，故须从速办理。下月中即当入城，面肃一切。匆匆祝吉！

弟

舍躬

十六

1945 年，北碚致重庆

第二封　老舍致梅林　　1946.1.13.

梅林[①]兄：

昨奉快函，想达左右。如当未托别人，据宗融[②]言，他的亲戚罗世安仍未离渝，可托他——他在外交部作事。

罗君不久即南下，如托他，千万约妥，他走后，找谁接头，千万！分神处，容面谢！

匆匆祝吉！

弟

舍躬

十三晚

① 林为张梅林，为中华全国文艺界抗敌协会（抗战中）和中华全国文艺界协会（抗战后）专职秘书。

② 宗融为马宗融。

1946年，北碚致重庆

第三封　老舍致梅林　1946.2.22.

梅林兄：

来此即忙。昨日一切手续完结，专候船到矣。大约三月一日可动身。

文协之事，星期日始能聚谈。大致在渝决定不会遭受拒绝。

弟走后，一切祈分心，客气话即不多说。将来到沪，诸事与振铎[①]圣陶[②]商议，想不会有错。多商议，总没毛病。诸事慢慢办，不可见事先有主见与反感。

星期日会后，当另函详陈。匆匆，祝吉！

弟

舍躬

廿二

1946年，上海致重庆，存有信封

第四封　老舍致梅林　1946.2.25.

梅林兄：

昨与沪分会同人开会，已将委托圣陶先生代理公函当众交出。诸

---

① 振铎为郑振铎。

② 圣陶为叶圣陶，老舍赴美后由他接任“文协”总会领导人。

同人以为总会会员到沪即为分会当然会员，与分会共同操作，而总会只由理监事处理全国要事。此议甚当。总会到此，即当注意：保存款项，组织与调察；其余小事尽可让分会作去。顾先生到会，当面托他给桂敏找事。您到沪后可以见见顾先生。现会址虽难觅，而您来到，总能有住处的。来时可先通知圣老，一虹[①]与蓬子[②]。来时务祈带来会章、印记、账本、记录、会员登记表、会证（社会部下发者），及会员名册，以便办事。会章急待修正，必须将旧的带来。存款如何带来，祈与圣老函商——我想总是扫数汇给圣老，由他交存沪银行。您须酌量留下路上花费，与李君之路费。东西能多带即多带，以免再托人捎来。弟三月一日能否动身还不一定，也许还要迟几天的。再谈。祝吉！

弟

舍躬　廿五

昨日会上到人甚多，大家的态度很好，颇像总会开会时之和和气气。您来此不至受气，唯诸事要小心耳。分会中即使和和气气，而环境到底比渝复杂，说话行事必须谨慎。

1946年，上海致重庆

---

① 一虹为葛一虹。

② 蓬子为姚蓬子。

第五封　老舍致梅林　　1946.3.

梅林兄：

在沪曾奉一函，略陈沪文协诸事，想已达左右。您何时赴沪？路费（若找不到关系）可由文协出。

五日开船，中途不停，直达西雅图。船上一切军事管理，因有军人三千余，旅客只百余耳。四千来人，每日三歺，实不易办，故一天到晚老吃饭——饭皆自取，且甚简单。别的还好，只是没有茶吃，真苦死人。一舱中有64人，挤得不堪！

在西雅图略停一二日，即赴华盛顿。俟行程擬定，再行详陈。

见郭[①]先生请代候，即不另函。（千万！）

问太太小姐好，李先生好！

文协事一切与圣陶振铎先商议，可免错误。景宋[②]先生亦正直公平，可与商量诸事。

有款应汇给圣陶，然后带着一点赴沪，以防路上缺了钱。伏老[③]如何？

匆匆，祝吉！

弟

舍躬

---

① 郭先生即郭沫若。

② 景宋为许广平。

③ 伏老即孙伏园。

此信为 1946 年 3 月抵美后的首函，致重庆

第六封　老舍致叶圣陶　1946.6.27.

圣陶兄：27，July.

在好莱坞见着不少电影本事专家，谈及国内作家之苦，他们深表同情，愿代为募捐，当场得到四十五元。弟现正式给电影剧本杂志一函，请代为募捐。募得之数统交"太平洋会"I.P.R. 秘书收存，以免经弟手；金钱之事，不可不略谨慎也。一俟弟返回纽约，再向 I.P.R. 问询，有款若干，及如何汇寄。汇款吃亏甚钜，顶好为拨款，此事家壁[①]兄或可出主意。他们也许还送药品及食物给我们，如何寄送，亦祈想想，赐示。

款子大小，当不可知。不过此事既系家宝[②]与弟合办，似乎应分给戏剧协会一部分。但剧协办事甚缓，款到而无正式收据回来，似不大对。且张公[③]主持剧协，如平分捐款，剧协是否负责作救济贫病之用，亦颇可虑。故此事应暂守秘密，祈仅与三二老成朋友商议一下。如愿两会平分，则款统汇文协，由文协立即寄来正式收据，而后分给剧协一半——由弟函张公，说明此款来源与用处，如大家以为不必如此，亦请示下，以便全数汇给文协，不管剧协。弟以为既与万兄[④]同操持此事，亚不愿使剧协毫无所得。我猜不准张

① 家壁为赵家壁。

② 家宝即万家宝，曹禺。

③ 张公为张道藩。

④ 万兄即曹禺。

公心理，他也许认为在国外捐款是一种耻辱，可是也许得款之后，就对文协发生好感。如何之处，祈先勿声张，仅与数好友详商一下赐示，千万！这回募捐，成绩如何不可知，但所有捐款俱系私人捐赠。在此得款统交 I.P.R.（Institute of Pacific Relations）秘书代存，由弟与家宝出名致谢，而后有详单交文协，由文协出正式收据，分致各仁人君子。

匆匆祝吉！

弟

舍躬

1946 年，洛杉矶致上海

第七封　老舍致叶圣陶、梅林　1946.8.10.

请圣陶兄看完交梅林兄　Seattle,10.8.46.

她现在在重庆，还是南京，弟不清楚。

圣陶兄：

梅林

前奉致圣陶兄一函，由家璧兄转，想达左右。昨又接好莱坞，电影剧本写家 Robert Q.Presnell 函，他拟将救济中国写家事提交协会讨论，并问及文协详情，弟与家宝兄即草一函，告以文协会员状况。他也问到，好不好求美国使馆帮点忙，意在言外，款子汇交使馆或比较可靠。弟答以美国大使馆文化专员（现任是 Mrs.

Wilma Fairbank）[①]应管此事。假若电剧写家协会真有一笔钱给文协，而且真求美使馆文化专员帮忙，弟以为也真是不错的办法。此款纯为私人捐款，与美政府无关。不过若有文化专员作证，捐款私人也许更放心一些。假若这成为事实，我想不妨给文化专员一个名誉理事之类的名义，款子支配虽完全由文协贫病基金委员会负责，但是有个外国人合作，总能使美国朋友更信任我们。至于如何与美文化专员（或其他人）合作，请两兄与诸友决定。假若与文化专员合作，一切来往信件等可请他帮忙，捐款支配报告也可交他转寄美国。

这点事还未得到具体办法，不过弟愿提早报告给两兄，以后若真接到电影剧本协会的信，或美使馆文化专员的信，两兄好有个准备。此事先不必大声张，第一成否未可知，第二，传出去恐多招谣言。他们也问好不好供应食品，弟答以食品不易寄，不易分配，不如现金方便。

此事切勿使会员们误会，这是美政府的钱。不是，这纯由私人奉赠，与美政府无关。他们所以愿要个美国朋友帮忙者，大概为是有个证人。还有，我与家宝兄并未在美国到处声言中国写家如何穷苦，伸手向人家求援。这些愿帮忙我们的人是自动的愿帮忙——是一种同行的热情，不是我们到处喊穷所致。我俩到此四月，并未向

① Wilma Fairbank 即魏尔玛·费正清，费正清夫人。

任何人求钱。只是到了好莱坞，他们问及中国写家近况，才提及此的。

先不必大声张，因为钱还未到手，办法也还不大清楚。此函纯为使两兄有个准备。在此，文协的英文名，用的是 Chinese Writers Association。以后函件来往（与美国人）请还用这个名字，以免分歧。我已告诉他们圣陶兄是文协主席，并给开明的地址。

忙得很，不多写。祝吉！

有信仍祈寄赐

C ／ 0 Mr.George Kao

Chinese News Sereice

30 Rockefeller Plaza

New York 20,N.Y. U.S.A.

本月十五日赴加拿大，九月十五返纽约

弟

舍躬

弟同时致函 Mrs.Fairbank，告以此事。恐她不清楚，而把款（假若真有的话）交“另一文协”也。

假若她有信给您，务请回复，顶好用英文。

我告诉电协，文协有会员三百人。

1946 年，西雅图致上海

第八封　老舍致梅林　　1947.2.15.

梅林兄：

接到一月卅号赐函，甚谢！弟决在此多留一年，已得官方允许。此后关于文协的事，不愿再管，请朋友们多分心吧。

作家们为文协筹款，本说笔会可赠3000元，后来也不是怎么又改一千了。此事宜由文协具函（英文的）给Smedley，她的通信处是：

Miss Agnes Smedley,Yaddo,Saratoga Springs N.Y. U.S.A.

信的内容大概是，1. 谢谢她与文友们帮忙。2. 捐款如何？ 3. 如何汇寄——故须另行设法。

好莱坞的捐款，因银幕写家杂志换了人，所以没结果。我在那里时，他们给了我四十元的支票，我交给了太平洋学会。前几天太平洋学会把四十元的支票给我寄来，我返回了原主，因我不愿管钱。他们接到我的信后，回了信，意思还愿帮忙，我想顶好由文协具函，直接给他们：1. 信写给Mr.Robert Shaw〔即附函（英文的）之签名者〕，2. 地址：照附函之地名写，应快写。他们肯帮忙，有文协正式的信，必可成功。内容：1. 先谢谢他们的愿帮忙。2. 说点文人的苦处（不要提政治，文人的苦处略提一提即可。）3. 请他们募款。

两函均应把文协的地址写清楚，顶好都教家宝兄见着了再发，因他知道些其中经过情形。

匆匆，祝吉！

弟

舍躬

15 / 2 附件一 Robert Shaw 的英文信，1947 年 1 月 31 日（省略）

1947 年，纽约上海，存有信封

第九封 老舍致梅林 1947.5.3.

梅林兄：

上月一号左右奉上航信：此笔会（P.E.N.）给文协捐了 2300 元，因怕文协吃亏，所以不愿由银行汇去，而嘱弟问文协有无办法，直接得到美金。事隔一月，始终没有信给我，未悉何故。前者，笔会又问我此事，我答以等待文协复信。见信务祈商议一下，有无办法，或即请笔会由中国银行汇款。若不愿告诉我，可托杨刚办理——笔会的地址，我不知道。有一次他们约我去吃饭，但不在他们的会所。我以文协会员的资格愿传达双方的意见，但不能经手金钱。这笔捐款的发动，我曾卖了点力气，但也是以文协会员资格作的。我没告诉他们我曾经作过文协的主席，因为怕他们把款交给我。即使款在我手，我也得问明白文协才能汇寄。

见信务赐复!!! 不愿给我信，祈写给杨刚——Miss K.Yang,52, Smith Terrace,Staten Island,N.Y. U.S.A.

假若不给我信，也不通知杨刚，此款便只好在笔会存着。没有文协的话，我不便做主；我帮忙弄到的钱，不愿文协多吃亏。

匆匆，祝吉！

弟

舍躬

3 / 5

1947 年，纽约致上海，存有信封

第十封　老舍致梅林　　1947.5.23.

梅林兄：

接到长函，敬悉种切。

等候甚为焦急，因笔会紧催，而我无办法。五月十二号又函振铎，一方面抱怨您不回信，一方面告诉他，已因无办法，而请笔会由银行汇寄矣。致郑函祈索阅。

若接到汇款，祈必写英文的谢函为祷！笔会地址已见振铎函中矣。

此事，弟深感不安，因使文协没得到黑市的利益。可是您既无信，而笔会紧催，以使弟技穷。我到处打听，打听不出妥当办法来，祈谅！

我希望不再被举为总务[①]！文协没有我也办得十分好，何必老由我一个人担任要职？应当换换了！再说圣陶兄又是那么可靠的人！希望他能作总务，使我息一息肩！

① 指文协的总务部主任一职，实为文协总负责人，此时老舍先生不愿再担任此职，建议选叶圣陶先生担任，此议后被接纳。

匆匆，祝吉！

弟

舍躬

23/5

1947年纽约至上海

第十一封　老舍致郑振铎　1947.6.21

振铎兄：

接示甚谢！

笔会之钱，当未汇。笔会正在托美国使馆文化专员John Caldwell（那个会说福建话的人）给办理，不知成否。

文协致笔会的函，想系由Miss Smedley所转，不知她仍在原处住否？不妨将原信再打一封，航寄给笔会的秘书Miss Jane Hudson.

The P.E.N.

123 East 94 Street

New York 28,N.Y.

U.S.A. 万一Miss Smedley已他去，这样给笔会一函，显着周到。

梅林的信已接到，他嘱弟将款交颜楼生君；现在笔会既正与美文化专员交涉，爽性就等一等再托求颜君吧。

匆匆，祝吉！

请将此函交梅林看。

弟

舍躬

21 / 6

1947 年，纽约致上海

第十二封　老舍致梅林　1947.6.24.

梅林兄：

昨致振铎兄一函，今日接到笔会负责人函，谓已由 Smedley 处接到文协的信；那么，就无须再给笔会来信了，一一如致振铎兄函所言。将来接到款子时再务请写英文谢函，交 Miss June Hudson，地址如附函。

匆匆，祝吉！

弟

舍躬

24/6

1947 年，纽约至上海

赛珍珠一封关于老舍的重要信件

在美国哥伦比亚大学手稿图书馆中找到44封老舍先生给自己的出版代理人大卫·劳埃得的英文信，并由此引出一封赛珍珠的信，后者比较有重要的史料价值。现先将舒悦翻译的两封英文信抄录如下，一封是老舍的，另一封是沃尔什夫人即赛珍珠的，原载于《老舍全集》第15卷。

老舍致大卫·劳埃得的信

“亲爱的劳埃得先生：

收到沃尔什夫人的信，她说要代我给您写信。

您是否能给我打个电话，安排个见面时间？我的电话是Su7-9509。

您忠诚的

舒舍予

赛珍珠致劳埃得　　1948.3.29.

“亲爱的劳埃得先生：

舒舍予先生（即老舍，《骆驼祥子》作者）正在寻找新的代理人。眼下休伊特·赫茨是他的代理人，但她由于家务繁重，可能要减少委托工作量，甚至可能要放弃这一工作。舒先生请我们给他推荐一位代理人，我认为你是很理想的人选。舒先生人很文静，十分腼腆，还很不适应这里的生活环境。

目前，他正在翻译一部长篇小说，名字叫《四世同堂》。由于下面一些原因，他的事情正处于混乱状态。或许，我最好先给你简单谈一下问题的症结所在。

他作品的译者伊文·金（笔名），在没和他打招呼的情况下，翻译了《骆驼祥子》。该书经雷诺和希契科克公司出版后，你可能也知道，入选为“每月佳书”。但在相当一段时间里，舒先生没有收到任何报酬。我猜想，当时他可能不知道那本书取得了这么好的效果，甚至可能根本不知道这本书已经出版了。后来，还是在朋友们的帮助下，他才享受到50%的版权税。

去年，林语堂的二女儿林太乙想翻译舒先生早期的一本小说《离婚》，因为约翰德不知道他们此举和舒先生与雷诺和希契科克公司的出版计划相冲突，结果这一设想就流产了。与此同时，伊文·金返回中国后生了一场大病，在医院恢复期间，他着手翻译了《离婚》。开始的时候，翻译工作似乎进行得还顺利，他好像也很为舒先生着想。但后来，使舒先生十分不安的是，他发现伊文·金的译文在许多重要方面大大偏离了原著，结尾则和原著完全不同。事实上，他对伊文·金在翻译《骆驼祥子》时擅自进行改动本来就十分不满。因此，当他发现伊文·金又故技重演时，他感到无法容忍这件事，并且拒绝承认伊文·金的工作。伊文·金先生变得极为粗暴，他告诉舒先生他（伊文·金）有权获得全部版权收入。他还说，照他看来，要不是他在翻译过程中对原著做了进一步完善，舒先生的著作根本一文不值。他还通过律师恫吓过舒先生。金先生眼下大概在佛罗里达，或在其他什么地方疗养，但我看他再也不会成一个好人了。雷诺和希契科克公司曾向舒先生施加过很大的压力，坚持要出版《离婚》一书，但在目前这种情况下，他们当然还可能继续出版该书。他们也试图另外找人重译，但未能成功。在这期间，既然《离婚》成了一起悬案，舒先生便和艾达·浦爱德小姐一起，着手翻译他的另一部长篇小说《四世同堂》。他们给人看了这本书前十章的译稿。据我所知，正在气头上的尤金·雷诺先生说，当《离婚》还在悬而未决时，他不愿再惹麻烦。因此，舒先生问过我是否还要继续翻译下去。我看过他们的译稿，我认为译得不错，书的前景应当很好。可能不用我说你也知道，舒先生是当代中国最重要的作家，所以我建议他和艾达·浦爱德小姐继续翻译下去，事实上，他们取得了很不错的进展。另外，为了让他能完成这一工作，我还帮助舒先生延长了他的签证。他现在回国也很不安全，因为他是个著名的民主人士，回去后不是被杀，至少也得被捕进监狱。

我建议，如果你能像我所希望的那样，接受舒先生作为你的委托人的话，你们应该就他的事好好谈一谈。我们也应该见一见约翰德先生。我觉得他应该得到周到的照料，他有些神经过敏，而且不善于辞令。虽然尤金·雷诺先生一点也不了解他，但约翰德先生本人却仍会坚持出版界的一些最强硬的职业道德观念。任何变动都应当征求舒先生的意见，并经过他的同意。

以上大致包括了一些主要问题，你和舒先生谈过之后，会详细地了解到更多的情况。

你真诚的

理查德·沃尔什夫人”

这封信的内容很丰富，涉及面很广，包括那著名的翻译《离婚》的公案，是研究老舍在美国这个课题的重要资料。

《骆驼祥子》有了博物馆

建一座博物馆以一部文学作品为主题是个不错的主意。

真有这么一座博物馆出现了，它在青岛，叫“青岛骆驼祥子博物馆”。

老舍先生 1934 年夏至 1937 年冬住在青岛，先后住过 4 个地方，最后搬到黄县路 12 号，在这里住了 630 余天，创作了《骆驼祥子》等作品，直至抗日战争爆发后离开。此处离山东大学很近，步行要不了几分钟，上课教书很方便。不过，1936 年暑假后，老舍先生毅然决然地辞了教职，专心写作，头一炮就是《骆驼祥子》。诚如他自己所说：“思索的时间长，笔头上便能滴出血和泪来。”《骆驼祥子》问世后，成了他的代表作。经过时间的考验，《骆驼祥子》也被公认为中国新文学白话长篇小说的代表作，已有四十多种外文译本，并被频频搬上舞台和银幕，蜚声海内外。

然而，对能不能以一部文学作品为主题办一座博物馆，却有不同的看法，有的说能，有的说不能。说不能的多半是以并无先例为理由，

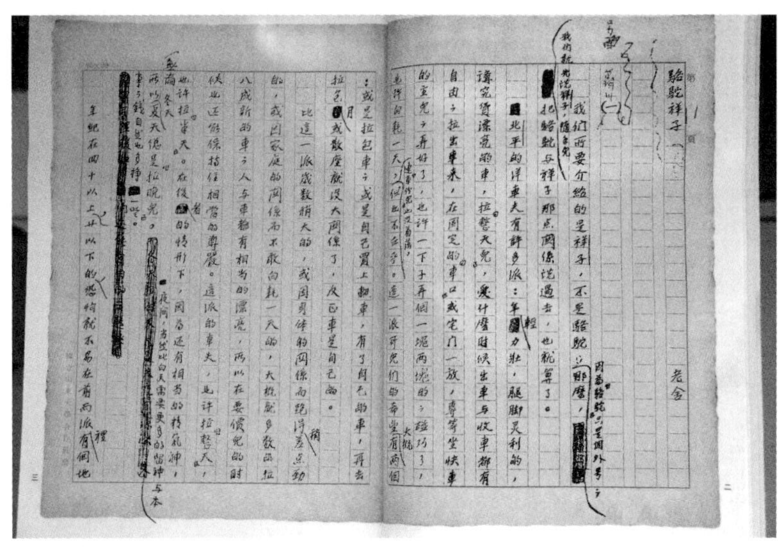

《骆驼祥子》手稿。

起码，以前没怎么听说过。

而且，眼下地方上尚有一种贪大的弊病，建博物馆动不动就要冠以国字号。此风一刮，不得了，重点便不会放在内容上，而是先争名、争房、争地、争规模，甚至形成先盖房后找东西的“倒置”怪象。

以“骆驼祥子”命名一个博物馆，先得看《骆驼祥子》这个命题有多大的资源，够不够丰富，这就要具体分析了。

细细地看，这里有三个层面。

首先，这里有现成的房子，是老舍故居之一。青岛黄县路 12 号是一栋两层小楼，二层之上还有无窗的阁楼，勉强说三层也未尝不可，横剖面呈长方形，一、二层的总面积有 400 平方米。当年老舍一家人租借首层，第二层是另外一家人，各有各的门。房子有独立的小院，院中有花圃，有树，临街有大铁门。小楼位于黄县路中腰，距路口也就是五十步路，路不宽，可容两部车并排通过，整条路左右全是居民住宅，环境相当安静，确实是写作的理想环境。不过，此房后来命运不济，上上下下挤进了 12 户人家，而且全部产权卖给了各户居民，到后来真想起来办老舍故居纪念馆时，又不得不花大价钱分头购回，费时费力费财，一度成了令市政府和区政府头痛的“老大难”。幸亏青岛市政府和市南区政府有眼光、有魄力，艰辛地工作了整整 3 年，终于将全部产权收回，搬迁了 12 户居民，然后彻底大修，由里到外，整旧如新，为建一座别致的博物馆打下了好基础。

其次，《骆驼祥子》作品恰好有很丰富的文物资源。《骆驼祥子》居然有完整的手稿在世，这很不简单，宛如奇迹一般。在 1949 年以前

1935 年老舍住在青岛。8 月 16 日舒乙在此出生。

中國字難認，更難寫，不設法改掉
牠，教育便永不易發展。
不過，這是後話，暫且不言。且說
寫中國字也有些好處，拿起毛筆
便另有滋味，與鋼筆大不相同。鋼
筆適便畫，毛筆須已經的寫。當
我寫作的時候，愛用毛筆，慢慢寫，
用心寫，於是氣靜思熟，如平泉遠
流，不激不竭。筆在手，烟在口，紙
柔墨潤，案頭若能再有點花一
二朵，寔創作妙境，若仍無好文
章，似須請醫診視了！
在抗战期間，這可談不到。

急泰先生 正

廿七、七、卅。 老舍

签字可真，没有图章。

手迹

的众多老舍小说手稿中，目前只有两部手稿在世，一部是《四世同堂》，另一部便是《骆驼祥子》了。说到《骆驼祥子》手稿，特别要提到两位先生，一位叫陶亢德，一位叫顾廷龙，他们为这部手稿的存世做了巨大贡献。陶亢德先生是《骆驼祥子》手稿的最初的保存者，他是《宇宙风》半月刊杂志的责编，《骆驼祥子》是经他的手连载于《宇宙风》杂志上的，时间是1936年9月至1937年10月，整整一年，在第25期至第48期上，共24期。陶亢德先生见老舍先生的手稿写得极漂亮，是原稿，不是抄件，十分珍爱，认定是个文物，发排之后便将手稿一直保留在身旁，而且后来躲过了一切战乱和苦难，不曾遗失过，直至“文革”开始被红卫兵抄走为止，从此下落不明。“文革”之中，在上海图书馆，有一次在清理和焚烧集中起来的抄家图书资料的过程中，当时已经靠边站的老馆长顾廷龙先生偶然发现书堆中有一个大纸包，趁人不注意抢在手中，打开一看，竟然是《骆驼祥子》手稿，他当即悄悄转移给可靠的馆员，嘱他秘密代为保存。手稿侥幸未葬身火海。“文革”后，按有关政策规定，上海图书馆准备将这份珍贵手稿归还给陶亢德先生。重病的陶先生在弥留之际专门留下书面遗嘱，说一旦手稿到手就将归还给老舍后人永久留存。可惜，这个遗愿后来因故并未实现。上海图书馆保留了一份完整手稿复印件之后，将手稿归还了陶家。目前据悉，手稿后来以“奇货可居”的方式被出了手，去向不明。好在人民文学出版社终于在2009年按手稿复印件影印精装出版了《骆驼祥子》的手稿本。这样，《骆驼祥子》手稿复印件的仿真件便奇迹般地出现在了青岛老舍故居里。《骆驼祥子》的精彩之处还在于它有四多:

一版本多，二译本多，三评论多，四改编形式多，其中各种各样的版本，包括线装本和“小人书”连环画，还有众多的外国译本，不同的日文译本就有7部，颇有琳琅满目、丰富多彩的效果，可以布置成一个单间；而根据《骆驼祥子》改编衍生的各种文艺作品可以布置成另一个单间，而且可以用电视荧屏的方式展出，可视可听。根据《骆驼祥子》改编的文艺作品形式有话剧、曲剧、京剧、舞蹈、电影、电视连续剧等等，许多导演和演员都参与过改编。这么看来，这个博物馆以《骆驼祥子》为核心不仅是因地制宜的，而且也是极有内涵的。

再次，“老舍先生在青岛”也自然是这座博物馆涵盖的内容之一，包括《避暑录话》报纸专栏的撰写，包括此时他的幸福家庭生活，包括他的习武，都有专门的介绍。此次开馆还专门展出了几件家属捐献的老舍先生珍贵遗物：他的眼镜、衣服、印谱、钢笔、小古玩、花盆、笔筒等等，由于年代久远，均已成珍贵文物，格外引人注意。

从维修之日起，院里高高的白果树上迁来了一对喜鹊，筑巢产仔，安家不走了。开馆之日，它们居然也高兴地参与庆典，双双飞下来，围着观众在地上跳舞，高兴了，竟然飞上观众的头顶和肩上。

有了别出心裁的主题，有了老房子，有了丰富而珍贵的内容，又有了好环境，天时地利人和，全有了，青岛骆驼祥子博物馆便这么应运而生，而且一出场就得了碰头好。

肆

老舍在写作中间常以擦圆桌上的摆设为一种休息方式

老兄季良
父壺金篆
見毛公鼎
辛卯秋孫民

1953 年初春与夫人在客厅合影。

1954 年 5 月，与夫人在院内月季花前。

一家人在院内合影。

老舍在池塘边休息。

老舍夫妇与小女舒立于院中。

1961 年，老舍与夫人在客厅看画册。

舒乙与姐姐合影。

1963 年夏老舍与舒济的女儿在院中。

舒乙儿时与姐姐、妹妹合影。

舒乙儿时与姐姐合影。

兄妹四人合影。

兄妹两人。

1963 年初春老舍在写作休息中。

1963 年老舍为曲波题字一联。

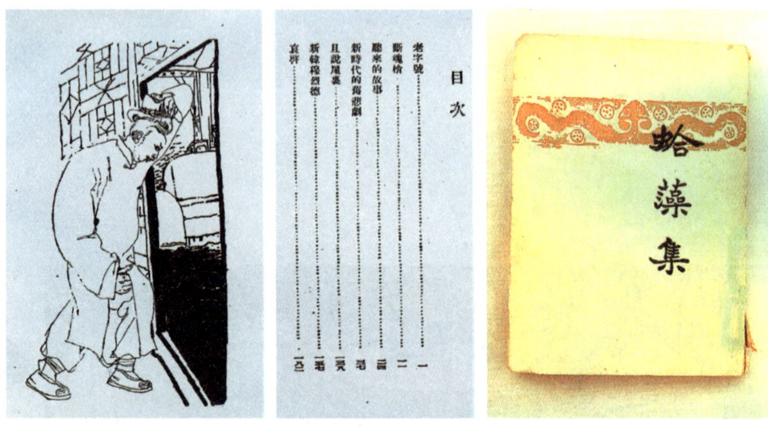

目次

1936 年 11 月第三部短篇小说集《蛤藻集》由开明书店出版。此集收入 7 篇中短篇小说，其中有人们较为熟悉的《断魂枪》。1983 年袁运生作《且说屋里》《新时代的旧悲剧》插图 3 幅。

目錄

1935年8月第二本小说集《樱海集》由人间书屋出版。内收10篇短篇小说。1981年，袁运生作插图。

（上）老舍 1963 年偕夫人到湖南参观访问，摄于船中。（中、下）在省博物馆看古画与古鼎。

（上）1964年初老舍与外孙女（左）、孙女（右）在院中。
（下）1966年开春后，往院中搬花。

1966 年初春，在客厅收拾盆花。

有时独自到村外小路上散步。

1965年3月24日，访问日本。

1964 年元旦摄（蒋齐生获奖作品）

1965年4月20日老舍与刘白羽访问作家水上勉，在其家中合影。

1965年3月27日欢迎会上，老舍祝酒。

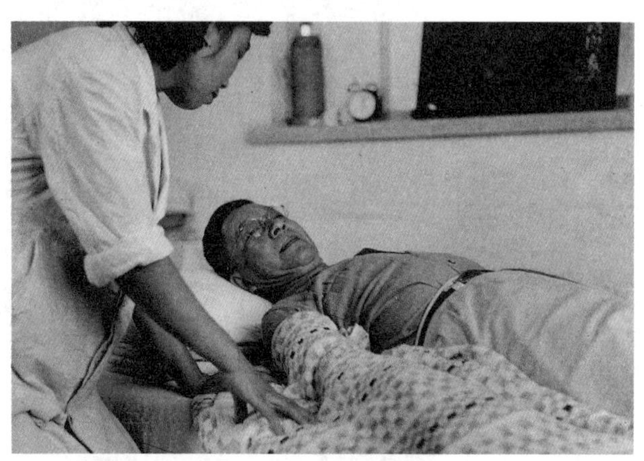

（上）1956 年 9 月初，老舍因患坐骨神经痛和高血压，到辽宁鞍山汤岗子疗养院疗养。图为在进行蜡疗。

（下）老舍与医务工作者闲谈。

北　京　医　院　　門诊号数

病　历　記　录　　住院号数

出　院　志

老舍，男，69岁，1966.7.31入院，1966.8.16出院

入院情况：患者有慢性咳嗽十多年，咯血5天入院。入院后给予青链霉素、止血剂等治疗，咯血、咳嗽渐好。痰找癌细胞、结核菌均阴性，胸片示陈旧性肺结核。该患咯血是由慢性支气管炎，支气管扩张引致。住院期间一度便稀，粪检（一），服vioform治疗。

诊　断：

1.慢性支气管炎，阻塞性肺气肿

2.支气管扩张症

3.高血压病Ⅰ

4.右上肺结核，以纤维硬结为主

5.结肠过敏

6.[illegible]

建　议：

1.避免感冒，戒烟

2.继续服用降压药物

主任医师

住院医师：杨[illegible]

老舍支气管扩张大量咯血，5 天后于 1966 年 7 月 31 日住进北京医院，经医治 8 月 16 日出院，这是当年的出院志，记载着当时老舍的病情。

1966 年 8 月 24 日早晨，老舍独自从家中出走，在北京城西北角外的太平湖畔度过了一生的最后一天，入夜投湖。

丁聪绘

妈妈走了……

妈妈 5 月 21 号走了，走得很平静，脸色极安详，睡在花丛中，甚至可以用“漂亮”两字来形容。脑海中突然蹦出一个联想，我在敦煌石窟中见过一尊大卧佛，睡得平静、安详，达到一种令人羡慕的美丽极致。用来比喻妈妈的临终，倒是很恰当。

她身体一向比较健康，主要是内脏无大毛病，90 岁之后，还被评上了“全国健康老人”，比起她的同龄人巴金先生、臧克家先生，显然状态要好得多，她自己也常常自夸，老让别人去捏她的大腿，说：“您瞧瞧，有多瓷实！”腿的肌肉是挺结实，因为她老锻炼，自己编一套体操，比如，下蹲 100 次，向后抬腿，用脚后跟打屁股之类，每天坚持，持之以恒。

想不到，一场肺炎把她打倒。

5 月 1 号得病，不发烧，有点痰，不多，呼吸有些困难，吃药、吸氧，都不成，入病院，8 号进去，照片子，请名医会诊，确认为肺部发炎，很重，心脏肥大，相当危险。15号进了监护室。17号下“病重”通知，当晚突然肺衰竭、心衰竭、昏迷，经抢救，恢复了心跳，有了血压，但一直未醒过来，下了“病危”通知，4天以后，走了。前后不过21天。

这一切，发生得非常突然，所有的人，包括亲属，谁也没有想到，都大吃一惊。她没有留下任何嘱咐。她死后，我们倒是翻到一张1997年她写的遗嘱，规规矩矩，清清爽爽，对后事颇有些清醒的安排。但是，当下，没有，没有一字留下。

她躺在病床上，虽然肺心负担很重，但谈兴倒很大，常常聊天，回忆旧事，高兴起来，还哈哈大笑，精神状态相当好。

我每天上班前去看她，下班后又去看她，有时她也和我聊聊她想的事情；据说白天和别人已聊过不少。聊的事情很难说有什么系统，大致属于婆婆妈妈，东一榔头西一杠子。

她追忆了自己的父亲——我的姥爷，说他是京城满族正红旗的掌印参领，属于第一把手。丧偶后续弦，自己瞒了10岁，娶了母亲的生母，即我姥姥。他们生她的时候，姥爷67岁，姥姥39岁。姥姥养了3个孩子，即三舅，母亲和一个妹妹。母亲4岁的时候，和妹妹一起患白喉，当时属不治之症，妹妹夭折，她也奄奄一息，已被弃于地上待处理，哪知高烧躺在地，宛如睡了冰床，竟又复生，可谓命大。

她还在病床上评价了自己的3个女婿：大女婿不说话，小女婿一句话不说，只有二女婿滔滔不绝。

她把曾孙辈也一一数一遍，我们家也是四世同堂。她说索菲娅（舒雨的小孙女）极聪明，就是太“厉害”，人小脾气大。由春节到生病，

老舍书写“荷珠配”三字

她对孙辈们都有很亲切的表示，凡是来看她的，她都要送礼，送给美国探亲归来的孙女一条金项链，送给在新加坡工作的外孙子一张大画，菊花图。送给外孙女秦平一幅她自己抄录的郑板桥的诗，上面还有她画的兰花，相当精彩。送给大学刚毕业的小外孙女潘越一个别致的小戒指。有一回舒济去新加坡开会，去华侨中学参观，那是父亲 1929 年由伦敦归来时中途下船教了半年书的地点，发现地上有由树上掉下来的相思豆，又红又大，可爱，随手捡了一些送给母亲，母亲求人去做了几个银戒脂，每枚镶上一粒红相思豆，创意极佳。她由枕头底下掏出一枚，给潘越，说“你最小，送给你吧”。

唯一和后事能拉上一点边的，现在回想起来，是有一天突然对我说，她有一些外币，美金、港币，都是现金，放在哪个柜子的靠着哪边的第多少个抽屉里，轻描淡写地说“你拿去用吧”。当然，她这么说，我肯定是找不到北的，“嗯嗯”两声也就罢了。

她对来会诊的北医老教授张树基极为敬佩，一再说，经他一看，觉得所有的内部部件都被“重新组装过了，轻松了”。挑着大拇指说“真棒！”

13 号那天，星期日，我在医院值班，她感觉不错，直说要出院。天太热，有些闷，夜里睡不实。我趴她耳朵边极力劝说，万万不可，医疗正在关键时刻，要住下来好好治，还有好多事等着做呢。听了以后她突然很清楚地、很坚定地说了八个字：“心平气和，随遇而安！”她自己还用手做了一个“八”的手势，眼睛发亮，抬起头来，得意而调皮地瞪着我。旁边的人听了都跳了起来，欢呼，包括大夫和护士。

一个多么通情达理的老人。

和平里医院重症监护室的女护士们是获全国巾帼英雄称号的劳动模范集体，有第一流的服务水平，老太太主动要给她们写匾，说“等我出院我要送给你们两个大字——勤奋”。可惜呀，她没能亲自完成。告别那一天，姑娘们排着队鱼贯而入，向老人鞠躬，都落了泪。

她们回忆说，母亲的最后一句话，在肺心突然衰竭之前，问，要不要把夹在左手手指上的测血中含氧指标的测头换到右手，还问，要不要两个手都同时测。护士们觉得，实在是个可爱的病人，那么好。

妈妈对我说的最后一句话是 17 日晚催我回家去休息，说了一遍以后，见我没动，又说一句：“走吧，该回去吃饭了，我这儿没事了。”她对阿姨说：“明天给我包点饺子吃。”又补充说：“再煮点藕片。”我看她胃口相当不错，中午吃了 5 个干炸丸子，一块馒头，喝了一小碗粥，晚上小阿姨喂她吃面条，竟吃得很快，有点噎着了，没吃多少，后又吃了几粒大葡萄。

这是她最后的晚餐。

妈妈活了 96 岁，虚岁 97 岁，她最后在一张《红梅喜鹊图》上就署名“九十七岁胡絜青”。她跨越了差不多一个世纪，由上世纪的 1905 年到本世纪的 2001 年。我们都以为她真能活过 100 岁。我和姐妹们自己也已进入老年，但是妈妈一直活着，我们自己就仿佛永远还是孩子，总以为她身体这么好，还会陪我们走下去。她像一棵大树，有她在，我们很幸福。一旦妈妈走了，我们的失落感是非常强烈的，特别是我，因为她晚年一直和我住在一起。看见她住过的房间，看见她用过的东西，总是想，哎呀，妈妈没了，一个月以前她还好好的！这种失落感常常使我不自觉地大声说出来，几乎是随时随地，甚至当着小辈们的面：“咱们奶奶没啦！”

妈妈保持了旺盛的创作精力，她一直在写，一直在画，从未间断，甚至在她入院前，已经生病了，还挣扎着走到桌旁，坐下来，写点什么。她是结结实实地画到了 97 岁，在年龄跨度上她超过了她的恩师。

应该说，她是一直画到死的。一个艺术家，如此高龄，还在创作，真是不简单。

她突然去世的消息，迅速传遍京城，由第二天起，家中的小灵堂就关不上门了，朋友们络绎不绝，送来了鲜花。大家都知道她喜欢花，画了一辈子花，就让鲜花来为她伴行吧。

头一天就送来了一百多个花篮、花圈、花束，家成了花的海洋。我们只好往楼道里放，往楼梯上放，往公用阳台上放，甚至往电梯夹道放。鲜花筑成了一个花的通道，绵延几十米，极其壮观。

看见这惊人的花通道，人们就情不自禁地落泪了。老人以花为路，以花做轿，乘花而去。她仿佛沿着这花丛，沿着这花的通天道，升天了。

她确实没有大的痛苦，可谓修得圆满人生。

人生的最高境界，是活的时候享受幸福，死的时候能够解脱。

妈妈，一直能创作到生命的最后时刻，享受创作的愉快；然后毫无痛苦地解脱。这两条，她都占了，她为自己的一生创下了四个美满：美满的家庭、美满的事业、美满的人生和美满的结局。

难怪，她的遗容非常漂亮。

北京人，和家人，都说这是“老喜丧”。

家人当即决定，不搞追悼会，没有告别仪式，100 天后开一个亲切的追思会，尽量贯彻“解脱”的精神。

但是，第三天早上在医院举行家庭告别仪式时，还是闻讯来了几百名朋友，北京市各方领导人也来了，党中央和国家的一些领导人还送来了鲜花圈。灵车刚开出医院，便被小学生们拦住，他们派代表向老夫人的灵柩献花，行少先队礼。医院对面行人道上站着上千名北京市民，他们都是来向妈妈告别的。交警自动为灵车清道，沿途向灵车行注目礼。灵车走的路线正好经过安定门和阜成门，这是母亲晚年和早年住过的地方，都是她的家。八宝山革命公墓火葬场专门为她开了专炉，她的骨灰盒当天就回到家中，接受朋友们的瞻仰，于是，花路便继续延长，很长很长。

在一生中，作为一个现代中国女性，她走过五条特殊的路，它们属于她自己，是她的五个人生里程。

第一条路是她走出封建家庭，读书，进学校成为中国现代大学里的第一批女生。这条路使她付出了沉重的代价。为了能自食其力，为了能成为一名新女性，她向生母保证，绝不在大学交男朋友，甚至保证不和男同学说话。1930 年她以优异成绩毕业于北京男师大，从此走上了独立的人生道路，成为当年总数不过几百名新式女高级知识分子中的一份子。

第二条路是她在 1943 年 9 月至 11 月之间用了 50 余天的时间，独自带了三个幼小的孩子、10 件大行李，和一名年轻女保姆逃出日寇占领的北平。辗转5个省，徒步横穿整个河南省和黄泛区，受尽千辛万苦，来到大后方重庆北碚，和老舍团聚会合。一个瘦弱的女书生居然有这么大的胆量去做这么大的冒险，完全显示了她性格的刚毅和坚强。途中刚到丰台慌乱换车中就差点把小女儿舒雨丢了。走到安徽亳州附近的三不管地带又面临被抢被抄。走到河南中部为了赶路，在伸手不见五指的黑夜，指挥"架子车"绕开路障，她自己竟掉进两人深的大坑，伤了腰。在闯潼关时又经历了隧洞大惨案。在蜀道难的狭窄公路上，遇雨路滑，汽车差点把三个孩子一齐翻到万丈深渊里。当她奇迹般地带着三个孩子出现在重庆的时候，一时竟成了朋友们奔走相告的喜讯。此后她多次向前来打听沦陷区亲人们消息的人述说北平的情况，使一边默默旁听的老舍掌握了许多北平生活的真实细节，这对他日后创作长篇小说《四世同堂》颇有用处。

第三条路是1950年以后除了料理家务、教育子女和帮老舍先生抄稿子和处理信件之外，她突然决定学画。她拜齐白石老人为师，后来又求教于非闇先生画工笔画。居然在几年之后加入了中国画院，正式成了一名专业画师。这条路也是她自选的，没有和任何人商量，同样表现了她不断完善自我的自主择路性格。

第四条路是1966年8月24日深夜，当家庭大悲剧随着社会大悲惨的发生后，她一个人承担下来。她在八宝山公墓处理完老舍先生的后事之后，独身返家，在找不到任何交通工具的情况下，由八宝山启步，硬是靠双脚拖着一颗粉碎了的心和一副疲惫不堪的身躯，走回东城区的迺兹府丰盛胡同，走了好几个小时，到家已是第二天清晨。这条路是一个受多层苦难的中国妇女的典型之路，它苦，它涩，但天塌了顶得住，打掉了牙往肚里咽，表现了母亲的英雄般的坚韧不拔和不屈不挠的伟大精神。

第五条路是她1978年以后走出来的，那时她已73岁高龄，死去了丈夫，她把生命锁定在画案上，终日画画不止，写字不止，作诗不止，题词不止，成了一名德高望重的辈分很高的女国画家。在她的生平讣告中有一组数字，仅1984年一年内，她画了101张画，作了15首诗，写字41幅。1999年她94岁的时候，在中国美术馆里举办了她的个人美术回顾展，大家面对她展出的一批精品惊奇地发现，她的画进步极大，形成了自己独立的风格，既有老年人的苍劲老到，又有女性的细腻精巧。美术馆当即收藏了她的3幅精品永久保存。她终于完全靠自己的努力和不懈的追求，在中国当代画坛上占了一席属于自己的地位。

1999年是她的丰收年，年末过年时，有一个家庭游戏，叫选举1999年的“家庭十件大事”。结果妈妈因有四喜临门而名列第一。一是开了盛大的个人画展，二是出版了《胡絜青百菊图》画册，三是出版了个人散文集《热血东流》，四是举行了隆重而热烈的95岁生日庆祝会。

这一年的胡氏四喜临门完全可以和同年的老舍百岁纪念活动交相辉映。

这便是完美人生的最耀眼的例证。

这样看来，那条花路的喻意确实可以延伸成母亲的人生道路。她的人生道路终于升华成为花路。满世界的花，都活活泼泼地变成了音符，升高，再升高，去拥抱天，簇拥着她远行了……

爱是不死的。

妈妈一定很高兴。她将在天上和爸爸相会，一同幸福地在一起。

我们爱他们俩。

永远永远。

老舍和胡絜青的墓

在圣彼得堡、莫斯科、伦敦、巴黎、华盛顿等大城市，文化名人葬地是旅游热点，是有文化品位的瞻仰地点，不管是在什么时间和气候下，游人如织，络绎不绝，绝对是必看的项目。

在我们国家，只有古代的帝王陵园有这种荣耀。但像北京八宝山革命公墓这么重要的陵园，却长年冷冷清清，少有人前往参观。究其原因，和我们多年形成的独特墓葬文化不无关系。譬如说，我们一直把重要的墓地当作思想教育的阵地，而不当作文化艺术的欣赏和凭吊场合。又如，我们一直是按行政级别来安排墓地的位置，和以人为本的平等思想有着较大的差距。还譬如，我们的墓地设计比较单一，几乎是一个模式，单调呆板，不甚好看，除了家属之外，对外人完全没有什么吸引力。

这些年，北京八宝山革命公墓里悄悄地发生了一些变化。安放在“一室”里的已故中央首长的骨灰纷纷移到了室外，在革命公墓的东侧，任弼时、瞿秋白墓的下方，渐渐做了一些相对朴素的墓碑。

这个变化有一个好处：普通人可以走近这些英雄人物的墓地，去凭吊，去祭奠。

妈妈胡絜青病逝于2001年5月21日。她的骨灰盒一直摆放在家里。孩子们有个想法，何不将她的骨灰盒和老舍先生的骨灰盒找一个合适的地方合葬在一起。我们这个想法和八宝山革命公墓的负责人交流了一下，他们表示理解。老舍先生的骨灰安放仪式是1978年6月3日在八宝山革命公墓隆重举行的。以后其骨灰盒一直安放在革命公墓“一室”。前去祭奠要凭家属证，一般人是不能进去的。

交流中，他们还提出了两个想法：一，由家属自行设计一个别致的墓地，有一定的艺术品位，精致、小巧、朴素，有个性、有寓意，可以起个带头作用，让以后的名人陵墓都渐渐向艺术陵墓发展；二，一切费用，包括土地费，由家属出。

实际，我们家属的调查研究自上世纪80年代初就已开始了，参观了许多国外著名文人的墓地，照了相，参考了不少书籍，还几乎找遍了北京境内的文人墓地。

最后，征得市领导部门的同意，这个计划得到了正式批准。开始启动。

那是2005年。

由设计到施工，我们连续15次到八宝山革命公墓现场直接参与，终于，在当年8月23日陵墓正式落成，并举行了有300多人参加的小型揭幕仪式。

老舍、胡絜青之墓。

这个陵墓位于八宝山革命公墓东部一墓区，在由北面数起的上世纪 50 年代老墓的第二行的最东头，占地 9 平米。这一行原是 50 年代的已故文人墓地，有蓝公武、彭泽民、柳亚子、梁希，还有越南的黄文欢。其北边是谭平山。编号为“地字组 11 号”。

墓地的北侧和东侧用汉白玉石块筑两扇矮墙，呈 90 度角，有 1.2 米高，厚 30 厘米。北边的墙上刻着老舍先生和胡絜青先生的名字，用各自的签名笔体，还有他们生年卒月。东边的墙上用一张胡絜青先生画的大菊花的浅浮雕做衬底，其上再刻上一句老舍先生的话：“文艺界尽责的小卒，睡在这里。”墙上所有的字都用绿漆描绘，以期醒目。

1938 年 3 月 27 日在武汉成立全国文艺界抗敌协会时，老舍先生写过一篇《入会誓词》，里面有这样的话：“我是文艺界的一名小卒，可是小卒该做的一切，我确实做到了。全国文艺界抗敌协会成立了，这是新的机械化部队。我这名小卒居然也被收容，也能随着出师必捷的部队去作战，腰间至少也有几个手榴弹呀！我没有特长，只希望把这几个手榴弹砸碎些暴敌的头颅。生死有什么关系呢，尽了一名小卒的职责就够了！在我入墓的那一天，我愿有人赠给我一块短碑，刻上：‘文艺界尽责的小卒，睡在这里。’”

这段誓词或许最能代表老舍先生的人生观、生死观。

在矮墙内，在地面上，用厚 7 厘米的墨绿色的花岗岩抛光石板铺地，在其左下角请雕塑家孙家钵教授雕一面老舍先生的浮雕铜质侧面头像，直接镶贴在石上，然后，以头像为圆心，浅浅地在石头表面刻上一圈一圈逐渐扩大的同心圆，宛如漪澜。

墨绿花岗岩下面是墓穴。

老舍先生去世后是没有被允许保留骨灰的。在他的骨灰盒里代替骨灰的是他的一副眼镜、一支钢笔、一支毛笔、一筒茉莉花茶，和一小片被保留下来的他的血衣残片。

邓小平同志重新主持工作后，在 1977 年 8 月 3 日对老舍先生的平反有一段专门的批示:“对老舍这样有影响的有代表性的人，应当珍视，由统战部或北京市委做出结论均可，不可拖延。”这样，才有了 10 个月之后的昭雪平反的“骨灰安放仪式”。那一天，来自全国的最知名的文艺界老朋友 600 余人前来纪念这位人民艺术家，周边站满了闻讯前来的普通市民，大家一起向他表示深深的敬意和沉痛的惋惜。诗人艾青在大厅的门槛上悄悄地贴了一首小诗，题目叫《追悼会就是庆祝会》。

如今，当年先生的骨灰盒终于和晚他去世 35 年的夫人的骨灰盒一起入土为安了。像他誓词中所说，“睡”在了这里。

现在常年都有鲜花放在他们的墓上，献花者大多没有署名。

老舍先生胡絜青先生生前都十分喜爱鲜花，有绿叶和鲜花相伴，哪怕是一枝青竹叶都会让他们微笑。

人民没有忘记他们。

有这样一座墓地，宛如一个象征，家属们，朋友们，研究者们，读者们，后来的孩子们，便有了一个可以纪念老舍先生胡絜青先生的地方。

上世纪 80 年代初，日本文豪、日本文化交流协会会长井上靖先生正式以会长身份访华，他提出来要给老舍先生上坟。他们是好朋友，“文革”初起老舍先生不幸去世，消息传到日本，井上靖先生、水上勉先生、开高健先生率先写文章悼念老舍先生。井上靖先生发表了题为《壶》的长文，而且宁肯冒得罪“四人帮”的风险坚持发表。由于没有坟，为满足井上靖先生的好意，曾将老舍先生的骨灰盒由“一室”中取出，在单独的一间小房子里临时布置了一间简单的灵堂。井上靖先生在遗像和骨灰盒前久久地合十默哀。

现在，国际友人也能到老舍墓地上扫墓了。如果井上靖先生还健在，他就可以在老舍的墓前满足心愿。

由一个喧闹嘈杂的城市中心走进一个安静的文化名人墓地，墓地的共同特点是安静，是肃穆，去看那些雕像，去看那些个性化的墓碑和装置，仿佛是和故人默默地交流，是和历史默默地对话，会让每个人都有一些感触，也许会想得很多很远。

老舍最后的两天

最近，我调换了工作，专门负责“老舍故居”的筹建工作和作家著作文献的整理工作。我到职后，第一件事是系统拍摄父亲在北京的足迹。近年来北京建设速度明显加快，估计许多旧房子都会在不久的将来被拆除，因此，需要抓紧时间，抢出一批照片来。这样做，对研究一位生长在北京写了一辈子北京的作家和他的作品来说，大概也是一件有意义的文物档案工作吧。我便约了出版社编辑李君、摄影家张君、老舍研究者王君和我同行，背上照相器材，由我带路，开始奔波在北京的大街小巷之中。

有一天，我们来到北郊太平湖遗址，这是父亲结束自己生命的地方。18 年前，在一个初秋的夜晚，我曾在这里伴着刚刚离开人世的父亲度过了一个永远难忘的夜晚。18 年来，我从来没有再来过这里。因为那个可怕的夜晚永远装在我的脑子里。我害怕看见那里的任何东西。18 年前发生的事情比噩梦更可怕，更令人窒息和不寒而栗。我倒盼望着它是一场噩梦，好终究有个结束。可是，那一天发生的事情，偏偏不是梦，而是活生生的事实。我尝够了那事实带来的一切苦味，沉重的、只能认命的、无可挽救的、没有终止的苦味。

我还是来了，为的是留下一个让后人看得见的纪念。这里已经大变样，找不到公园了，找不到湖，找不到树，找不到椅子。18 年前的一切，什么都找不到了。现在，这里是一个很大的地铁机务段，外面围着围墙，里面盖了许多敞亮的现代化的高大厂房。在相当原来太平湖后湖的地方，如今是一大块填平了的场地，铺设了一片密密麻麻的铁轨，很整齐地通向各个车库，足有 100 宽。我们得到允许，在厂内向西走了很长一段路，来到这片路轨旁。一挂崭新的地铁车辆正好由东边的库房中开出来，从我们身旁开过去，不一会，它便钻入地下，投入载客运转。看来，这儿是这些车辆的家和真正的起点。意味深长的是，这里就是父亲的归宿和人生的终点。

拍照这天，阳光很好，没有风，周围宁静，车开走之后，这里好像只剩下阳光和路轨，连城市的嘈杂都被隔在墙外。我紧张的心情突然消失，我的神经松弛了。我倒愿意在这儿多待一会儿。我默默地立在阳光之中，看着这路轨，让它把我引向很远很远的地方。

大家都没有说话，张君默默地取了景，按了快门。王君却突然提了一个建议：

“这里应该立一块永久性的短石碑，上面刻着，这是作家老舍的舍身之地。”

他用了“舍身”两个字。

父亲名“庆春”字“舍予”，舍予是舍我的意思。王君的“舍身”两字应了“舍予”的原意。大概，王君是经过了深思熟虑的，所以脱口而出，此时此地此景被他的这两个字包揽无余了。舍予两字是父亲十几岁时为自己取的别名。在字面上，正好把自己的姓——“舒”字——一剖为二。他愿意以“舍予”作为自己的人生指南，把自己无私地奉献给这个多难的世界，愿它变得更美好一些，更合人意一些。从此，他认定了“舍予”这条路，在这条路上坚定地走了整整一辈子。

父亲 23 岁那年，曾向比他更年轻的学生们发表过一次公开讲演。他说，耶稣只负起一个十字架，而我们却应该准备牺牲自己，负起两个十字架：一个是破坏旧世界，另一个是建立新世界。这大概是他的第一个“舍予宣言”。

父亲自己确实提到过一块身后的小石碑，和王君所说的石碑相似，那是 1938 年的事情。不过，立碑是戏言，表示为国难舍身是真意。

当时，国难当头，文艺家云集武汉三镇，成立了中华全国文艺界抗敌协会，热心肠和任劳任怨的老舍先生当选为总务部主任，相当实际上的会长。有几百名会员的“文协”，专职职员一开始是萧伯青一人担任，后来是梅林一人担任，其余的人都是尽义务。大家除了写作之外，要开各种各样的会，要联络各地的文艺工作者成立“文协”分会，要编辑《抗战文艺》杂志，要出版诗歌专刊、英文专刊和抗战文艺丛书，要送通俗读物到各个战场，要义演，要出版《鲁迅全集》，要组织作家上前线……忙得不亦乐乎，干得有声有色。这个时期在中国文化史上恐怕称得上是文人们团结得最好的时期之一。跑路，开会，全是自己掏腰包；谁也没有半句怨言，看到这种生气勃勃的局面，父亲快活得更飞上天。当他以最多的选票当选为“文协”理事之后，他写了一份《入会誓词》。他庄严地向祖国宣誓，向人民宣誓，向热爱他的同志和朋友宣誓：“我是文艺界的一名小卒，十几年日日夜夜操劳在书桌上和小凳之间，笔是枪，把热血洒在纸上。可以自傲的地方，只是我的勤苦，小卒心中没有大将的韬略，可是小卒该做的一切，我确实做到了。以前如是，现在如是，将来也如是。在我入墓的那一天，我愿有人赠我一块短碑，刻上：文艺界尽责的小卒，睡在这里……你们发令吧，我已准备好出发。生死有什么关系呢，尽了一名小卒的职责就够了！”

父亲又一次讲到“舍身”，是写《誓词》的6年之后。那时日寇逼近贵州，大有由南面迂回进攻四川的趋势，重庆各界哗然，纷纷准备再次撤退。友人问父亲作何打算，他痛快地说出了早已想好的答案：“我哪儿也不去，北面是滔滔的嘉陵江，那里便是我的归宿！”

但是，真正的“舍身”，却发生在最不应该发生的时间，最不应该发生的地点，最不应该发生的人物，最不应该发生的情节上。

王君所说的小短碑上的“舍身”两字，一下子，把我带回到了18年前的太平湖畔。

我坐在太平湖公园西南角的长椅上，面向东，夕阳照着我的背。四下里一个人也没有。这是公园的终端，再往西便是另一个更大的湖面，不过，已经不是公园了。它们之间没有围墙，只有一条前湖的环湖路和一座小桥把它们相隔，实际上我处在前湖和后湖的交界线上。前湖环湖路外侧栽着许多高大的杨树，树下安设了不少长椅。后湖完全是另外一幅景色，四周没有修整过的环湖路，也没有人工的岸堤。它荒凉、安静、带着野性，甚至有点令人生畏。湖边杂草丛生，有半人多高，一直和水中的芦苇连成一片。再往上则是不很整齐的大垂杨柳，围成一道天然的护墙。游人是不到这里来的，它几乎完全是植物和动物的世界。父亲便躺在这一个世界里。

我回过头来，寻找草丛中小土道上睡着的他，不知道是阳光晃眼，还是眼里有什么东西，我什么也看不清，一片黄，是阳光的黄呢？还是一领破席的黄呢？我不知道。

向我移交的是一位市文联的年轻人，他的身后是父亲的老司机和他的汽车。他们都戴着红袖章。虽然，汽车的主人已经换成这位年轻人了。他们问了我的名字，还要我出示证件。其实，老司机是我家多年的熟人了。年轻人只向我交代了一句话就坐车走了："你必须把他赶快'处理'掉！"还是老司机临走关照了一句重要的话："这里夜间有野狗！"

父亲头朝西，脚朝东，仰天而躺，头挨着青草和小土路。他没有穿外衣制服，脚上是一双千层底的布鞋，没有什么泥土，他的肚子里没有水，经过一整天的日晒，衣服鞋袜早已干了。他没戴眼镜，眼睛是浮肿的。贴身的衣裤已很凌乱，显然受过法医的检验和摆布。他的头上、脖子上、胸口上、手臂上有已经凝固的大块血斑，还有大片大片的青紫色的瘀血。他遍体鳞伤。

前两天，在成贤街的孔庙，他遭受了红卫兵的毒打。那一天，原定在这里焚烧京戏的戏装，无知的狂热的少年们说，这些价值昂贵的戏装都必须由地球上尽早地消灭掉，还要拉两三位文化局的领导干部去挨斗。市文化局和市文联是近邻，拉文化局领导干部的红卫兵顺手牵羊，把市文联的已经被揪出来的文化名人也随便地拉上了车。作为市文联主席的父亲看见所有的好朋友和领导干部都被点了名，他自己主动站了出来。他的正直，或许是他的顶可爱的地方，但是这个顶可爱的正直却要了他的命！一位在现场担任指挥的学生发现了他，大叫，“这是老舍！是他们的主席！大反动权威！揪他上车！”其实，那时，父亲刚由医院出来。入夏以来，他心情很坏，一天夜里突然大口吐血，总量竟有大半痰盂。我们半夜送他到北京医院，当夜被留下住院。病愈出院，医生嘱他在家多休养些日子，他却急着上班。命运无情地嘲弄了他的献身精神，他竟以最快的速度直接奔向了生命的终点。这一天便是他出院后上班的第一天——1966 年 8 月 23 日。

在孔庙发生的可怕事实，已被许多同场的受害幸存者作家们戏剧家们详细地追述过。我也不愿再重述它们。总之，在孔庙，父亲受伤最重，头破血流，白衬衫上淌满了鲜血。他的头被胡乱地缠上了戏装上的白水袖，血竟浸透而出，样子甚可怕。闻讯赶来的北京市副市长，透过人山人海的包围圈，远远地看见了这场骇人听闻的狂虐。他为自己无力保护这位北京市最知名的作家而暗暗叫苦。形势完全失控，狂热的乌合之众就像那把狂舞的冲天大火一样，谁也不知道它会蹿向何方。父亲的眼睛在眼镜后面闪着异样的光，这是一股叫人看了由心眼儿里发冷的光。他的脸煞白，只有这目光是烈性的，勇敢的和坚决的，把他的一腔极度悲苦表达得清清楚楚。由一个最有人情味的温文尔雅的中国文人的眼睛里闪出了这直勾勾的呆板的目光，善良的人们全都害怕了。这目光明白无误地告诉人们一个可怕的信息：他只要一闭眼，一低头，他便可以马上离开这发了疯的痛苦世界！

市文联的人被授意设法先期单独接回老舍。谁知此举竟把他一个人由这个大灾难推入了另一个更大更黑的深渊。

市文联里早有一群由数百人组成的红卫兵严阵以待。他们的皮带、拳头、皮靴、口号、唾沫全砸向了他一人。可怜的父亲命在旦夕。一位作家为了暂时的苟安，唆使无知的少年向父亲提了几个挑衅性的问题。父亲冷静地作了实事求是的回答，当然是被认为毫不认罪的。于是，这些尊严的回答犹如火上浇油，再次招来了更加残酷的肉体折磨。

父亲决定不再低头，不再举牌子，也不再说话。他抬起他的头，满是伤痕，满是血迹，满是愤怒，满是尊严的头。

“低头！抬起牌子来！”

父亲使足了最后的微弱的力量将手中的牌子愤然朝地面扔去，牌子碰到了他面前的红卫兵的身上落到了地上。他立即被吞没了……被吞没了……

市文联的人想出一个“妙”计，想把他由红卫兵手中抢出来，他们说他这一拼死的反抗是“现行反革命”，应该把他交到专政机关去法办。于是，经过一番争夺，把他塞进汽车里，送到了附近的派出所。丧失了理智的人群紧紧地包围着汽车，汽车寸步难行，无数拳头敲打着汽车的外壳和玻璃。然而，对这个“现行反革命”的称呼，不论是红卫兵，还是父亲本人，都被认真地无误地领会了，无疑，它彻底地把父亲推向了另一个世界。尾随而来的少年们，其中有不少女孩子，在派出所里不顾所内人员的阻拦又将这位奄奄一息的老人轮番毒打到深夜……

就这样，不到一天的工夫，人民莫名其妙地、突然地、永远地失去了自己喜欢的，被称之为“人民艺术家”的作家。

母亲被通知将父亲接回家来。他们互相紧紧地拥抱在一起，挤在一辆三轮车内，凌晨才到家。临走之前，父亲被通知，早上他必须拿着“现行反革命”的牌子前来市文联报到。

第二天，他的确按时去上班了，大概还是拿了那个要拿的牌子，不过，他没有到市文联去。出走之后，他失踪了。

凌晨，入睡之前，在母亲为父亲清理伤口的时候，他们有一次长谈。实际上，这是他们之间的最后一次谈话，称得上是真正的生死之谈。父亲，死的决心已定，但是这一点不便对亲人直言。推心置腹的谈话被若隐若现的暗示搅得更加充满了诀别之情。当父亲脱掉衬衫之后，母亲看见他被打成这般惨状，有心放声大哭，可是她不敢，她帮父亲脱下被血块粘在身上的汗背心，揿不动，她取来热水，用棉花团蘸着热水一点一点地把它浸湿泡软，那背心的棉纱竟深深地陷在肉里。她的手不听使唤了，找不准地方了，因为心颤，手也颤，浑身都在颤。她的心痛，心痛！她的眼泪再也忍不住了。

父亲告诉她，“人民是理解我的！党和毛主席是理解我的！总理是最了解我的！”

他真是一个好人！吃了这么大的委屈，遭了这么深的折磨，他却说出了这么知己的话！

天下，到哪里去找，这样真诚而善良的朋友啊！

天下，到哪里去找，这样牢固而纯一的信赖啊！

父亲劝母亲去忙自己的事，不用管他，他绝不会出事。清晨，他硬是把她推出了门，她真的上班去了。母亲前脚走，不一会儿，父亲也出了门。

出大门之前，父亲走到我的女儿、他的3岁的心爱的孙女窗前，郑重地向她道别。当时，家里的亲人只剩下她小小的一个，还有一位年迈的老保姆看护着她。爷爷把孙女唤出来，俯下身来，拉着她的小手，轻轻地慢慢地，对她说："和爷爷说再——见——！"女孩子奇怪地看着爷爷，不明白爷爷今天这是怎么了，干吗要来和她握手，干吗要来和她说"再见"，干吗要一个字一个字地吐音……

父亲，这是在向亲人告别，向所有爱他的人告别，向他爱了一辈子和写了一辈子的老百姓告别。他和小孙女的对话是他一生的最后一句话。他把这句最后的话，依依不舍地，留给了一个天真无邪的孩子。

我的女儿一点儿也不明白爷爷的用意。她应该拉住他，她应该大声地叫："爷爷！你别走！叫爸爸回来！叫姑姑们回来！他们会把你藏起来！你别走！爷爷！"可是，我的女儿什么也没有喊。她多么应该紧紧地抱住他，亲亲他，吻吻他……她对爷爷，真的说了"再见！"还向他摆摆手。她太小了，随着这一声"再见"，爷爷永远地走了，再也没回来，"再"也"见"不着了。

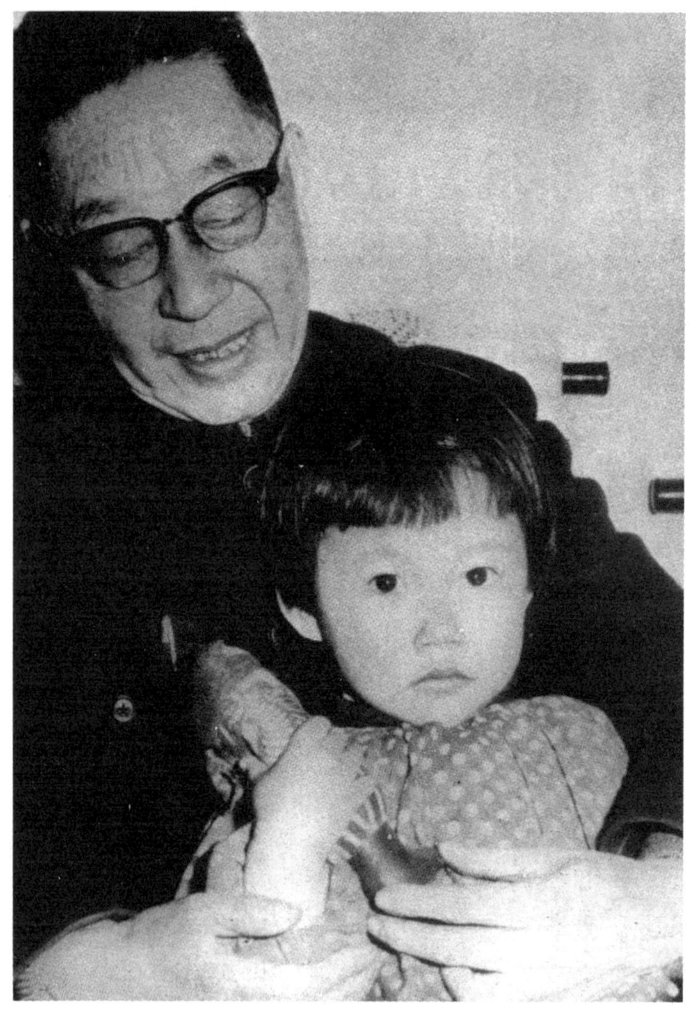

1966 年 1 月，老舍抱着孙女舒悦在客厅。

父亲喜欢这个小女孩，他们爷孙俩，一老一少，常在一起玩。小孙女是唯一可以随便走进老人书房的人，不论在任何时间，都是受欢迎的。有一次，爷爷接见两个英国朋友，小孙女在客厅里玩，老人坐在沙发上把孙女夹在两腿之间，用她的布娃娃轻轻地敲她的头，说："将来，是属于他们的！"在他离家出走的最后时刻，他郑重地向小孙女道别，清醒而理智，心中充满了纯洁，因为，他直接在向"将来"道别。他或许在想：历史的篇章瞬间即过，一切憾事，一切烦恼，都会成为过去，自己的劫数已到，说什么都没用了，走吧。和小孙女拉了手，他走——了。将来，是属于他们的。

父亲走到哪里去了？谁也说不上来。

当我闻讯由单位赶回家来的时候，家里已大乱。由胡同口开始，直到院内、屋内，站满了提着皮带的红卫兵，到处还贴着大字报，他们是来找老舍的，因为他竟然没有到机关去。他们把家里的每一寸土、每一个角落都搜遍了。我发现每间房的顶棚上的检查孔都被破坏了，他们以为老舍藏在房顶上，面且是由不到一尺见方的检查孔中跳上去的！看来，藏是藏不住的，那么，他到哪里去了呢？鲁莽的少年们，眨着眼睛，终于感到事情有点蹊跷，纷纷溜走了。他们走后，我立即起草了一封信，草草化装了一下，拉着大妹妹，直奔国务院接待站。出来一位负责同志，我把上衣解开，露出见证——穿在父亲身上的昨天留下的衬衫，还有被我缠在腰上的包头用的水袖。他仔细地听了我的陈述，接过信去，说：我们立即报告上去，请你们放心。几小时之后，总理秘书处打电话给母亲，说总理已经接到紧急报告，正在设法寻找老舍先生，一有消息一定立即通知，请等候。

一天一夜就这样过去了，音信全无。又一个上午也在等待中度过了。到了 8 月 25 日下午，市文联打电话给我，叫我去一趟。他们拿出一张证明信给我，上面写着：“我会(指文学艺术联合会)舒舍予自绝于人民，特此证明。”他们用了几乎整整一天的时间推敲定性，现在重要的事情，对他们来说，无非是推脱责任了。让我立即到德胜门西边豁口外太平湖去处理后事。他们还说：最好不要把此事告诉母亲。看得出来，他们觉得事情严重。

当老司机嘱咐我当心太平湖有野狗之后，我向那位年轻人提出：请他们回机关后立即通知我母亲，说我在太平湖等她。于是，我便坐下来，一边看守着死去的父亲，一边等母亲的到来。

父亲是怎样走到太平湖来的？一个谜，为什么要到太平湖来？又是一个谜。我坐在湖边，百思不解。

父亲是清晨在后湖中被发现的。一位住在附近的演员到湖边来锻炼身体，发现水中有人，离开湖边顶多有十几步。演员看见的是一点点露出水面的后脑部。演员跑去喊人，附近没人，只有远处有几户湖边的渔民。人们终于七手八脚地把他打捞上来，放在岸边。他的全身已经很凉很凉。人们发现岸边放着他的上衣制服，眼镜、手杖和钢笔，制服口袋里有工作证，上面写着他的名字和职务，围观的人们哗然，整个上午和中午，这里人山人海，当天，消息很快传遍了北京城外的西北角。市文联的人、地段派出所的人和法医都到了现场，不知是谁找来一领破席，把他盖了起来。

据公园看门人说，头一天（指 8 月 24 日），这位老人在这里一个人坐了一整天，由上午到晚上，整整一天，几乎没动过。估计，悲剧的终了是发生在午夜。老人手里还拿了一卷纸。清晨，湖面上的确漂浮着一些纸张。纸张也被小心地打捞了上来，是手抄的毛主席诗词，字有核桃般大小，是很工整的老舍特有的毛笔字。字里行间还有没有现场写的什么遗言留下来，则又是一个更大的谜。因为他有纸、有笔，有一整天时间，有思想，有话要说，而且他是“写家”。市文联的人后来把制服、钢笔、眼镜、手杖都还给了我们，唯独始终没有让我们看过这些纸。

太平湖是个偏僻的小公园，没有名气，又不收门票，游人稀少。由父亲开始，短短的一个星期之内，它竟成为殉难者的胜地，有成十上百的人在这里投湖。

太平湖没有进入父亲的著作，我翻遍了他的书也没有找到，虽然他的作品绝大部分都是以北京的实际地名为背景。但是，我知道，他熟悉这一带。1920 年 9 月至 1922 年 9 月，整整两年的时间，刚过 20 岁的舒庆春曾任外城北郊劝学员，他的办公处就设在德胜门外关厢华岩寺内。他负责管理散布在西直门外、德胜门外、安定门外和东直门外的所有私塾。他当时走遍了乡间各村。是不是在那个时候他就熟悉了太平湖呢？大概是肯定的。大家都知道：他的第一部长篇小说《老张的哲学》写的就是德胜门外。人和历史一样，有的时候，糊里糊涂，要走点小圆圈，周而复始，又回到了原处，虽然是螺旋式上升，但终究有点重演的味道。父亲是以写在德胜门外发生的故事而成名的，过了近 50 年后，他本人又还是在德胜门外，销声匿迹。

太平湖悲剧发生 12 年后，有一次，我偶然打开一张解放前的北京老地图，竟一下子找到了父亲去太平湖的答案。太平湖正好位于北京旧城墙外的西北角，和城内的西直门大街西北角的观音庵胡同很近很近，两者几乎是隔着一道城墙、一条护城河而遥遥相对，从地图上看，两者简直就是近在咫尺。观音庵是我祖母晚年的住地，她在这里住了近 10 年，房子是父亲为她买的，共有 10 间大北房。她老人家是 1942 年夏天在这里去世的。我恍然大悟：父亲去找自己可爱的老母了。

67 年之后，父亲又回到了他的老妈妈的脚下，把生命奉还给她，是对她的生命的教育的一种感恩和总结吧。

父亲去世之后，立刻传出种种有关他的死的说法，对他的死的方式和他的死的原因也有种种猜测。日本作家对父亲死的悲剧极为震惊。在他们的笔下父亲仍然活着。就在“四人帮”横行的时候，水上勉、井上靖等作家就已经公开写文章怀念他了。父亲的朋友、作家井上靖先生1970年写了一篇叫作《壶》的著名文章，实际上是在探讨父亲的死。他的文章提到，日本老作家、尊敬的广津先生对中国人宁肯把价值连城的宝壶摔得粉碎也不肯给那富人去保存表示不以为然，但是，当父亲去世的消息传到日本之后，井上靖先生终于清楚地领悟了当年父亲讲给他们听的这个故事中那个中国穷人的气质。日本女作家有吉佐和子也专门写了一篇叫作《老舍先生死的谜》的长文。日本作家开高健以父亲的死为题材写了一篇叫作《玉碎》的小说，荣获了 1979 年度的川端康成奖。他们都真诚地期望在父亲的悲剧里找到一些人生的哲理。

巴金先生多次在近年写的《随想录》中谈到父亲的死。他以为对父亲的惨死绝不能无动于衷，他说“老舍同志是中国知识分子最好的典型”，一定要从他的死中找到教训。有一位好心人对他说：“不要纠缠在过去吧，要向前看，往前跑啊！”可是他却固执地说：“过去的事我偏偏记得很牢。”巴金先生在《怀念老舍同志》一文中写道：“我想起他那句‘遗言’——‘我爱咱们的国呀，可是谁爱我呢？’我会紧紧地捏住他的手，对他说：‘我们都爱你，没有人会忘记你，你要在中国人民中间永远地活下去！’”巴金先生 1979 年 12 月 15 日还说过：“虽然到今天我还没弄明白，老舍同志的结局是自杀还是被杀，是含恨投湖还是受迫害致死，但是有一点是可以肯定的：人亡壶全，他把最美好的东西留下来了。”

我前不久读了黄裳同志写的一篇文章，记述不久以前他和巴金先生谈天，他们又谈到老舍的死，黄裳说了一句：“换了我就出不了这种事。”巴金先生听了喝道：“你吹牛！”黄裳写道，巴金先生说此话时，“声音低沉而严厉，这是少见的。”

对于我来说，父亲的死，使我感到非常突然，迅雷不及掩耳，而且，使我的处境非常糟糕，但是事情发生之后，我没有怀疑过：对他来说，会有不同于太平湖的第二种结局。

18 年前，当我一个人守在父亲身旁的时候，我就认了命，我深信，在“文革”中，对他来说，只能有这么个“舍予”式的结局。而且，就在我坐在太平湖的椅子上的时候，我已经能够找到一些事先的征候，虽然，在此之前，我从未认真地对待过它们。

记得，在事情发生的前几天，有一个星期天，我回到家中，曾和父亲谈起当时的形势。当时，“文革”尚处于刚刚发起的阶段，预见到它的恶果还十分困难，但是从父亲的谈话里已经可以听到不少担忧。后来的发展证明，那些糟糕的事，绝大部分都不幸被他言中。

他说：欧洲历史上的“文化革命”，实际上，对文化和文物的破坏都是极为严重的；

他说：我不会把小瓶小罐和字画收起来，它们不是革命的对象，我本人也不是革命的对象。破“四旧”，斗这砸那，是谁给这些孩子这么大的权力？

他说：又要死人啦，特别是烈性的人和清白的人。说到这里，他说了两位在前几次运动中由于不堪污辱而一头扎进什刹海的例子。他为什么要说这两个例子，我当时一点也没有思索。事后想起来，听者无心，言者却是动了脑子的。

更有甚者，父亲 1945 年在长篇小说《四世同堂》里写过一个叫祁天佑的老人，他的死法和父亲自己的死法竟是惊人的一模一样，好像他早在 20 年前就为自己的死设计好了模式。

乍一看，这些说法和模式的出现，只是表面的孤立的偶然的现象，即使有相似之处，也是不可思议的。但这些话和这些文字毕竟都出自他一个人的嘴和一个人的笔，我想，这只能证明，什么事情在他的心里确实是有一条明显的界限，到了超越这个界限的时候，他自有一套既定的办法。而且，我以为，对父亲这样的宁折勿弯的硬汉子，就是躲过了 8 月 23，他也躲不过 9 月 23 或者 10 月 23，更不要说长达 10

年之久的大内乱了。世界上，就有这样的硬汉和不可辱之士！我感到内疚的是：不管有用没用，我没能抓住那些端倪，说上哪怕一句半句开导他的话。我信任他，崇敬他，我没有资格对他说三道四。看起来，我还不完全了解他。这使我感到痛心，遗憾终生。

那一夜，我不知道在椅子上坐了多久，天早就黑了，周围是漆黑一团。公园里没有路灯，天上没有月亮和星星。整个公园里，大概就剩我们父子二人，一死一活。天下起雨来，是蒙蒙细雨，我没动。时间长了，顺着我的脸流下来的是雨水，是泪水，我分不清。我爱这雨，它使我不必掩盖我的泪。我爱这雨，它能陪着我哭。我只是感到有点冷。我开始可怜起父亲来。算起来，他整整两天两夜没吃过东西，没喝过水。他大概也像我这样，在这里，呆呆地坐过一整天和半个夜晚，而这一整天和半个夜晚他是怎么过的呢？他的思想该有多复杂，多痛苦，多矛盾。他一闭眼，也许一生都会呈现在他的面前，他一睁眼，又会什么都不是，一片空白。我不敢往下想，可是又驱散不了这些想法，于是，想想停停，越来越混乱，最后只剩下替他感到难受。

街上已经没有什么车辆行驶的声音了，我想，母亲也许应该来了，我便站起来跑到大街上迎她。谁知，就在这当儿，母亲和火葬场的人一同坐着车到了太平湖，她不知道父亲躺在什么地方，她便喊着我的名字往后湖的方向走。她的急切的嗓音感动了公园看门人，经他指点才算把父亲抬上了去火葬场的车。等我赶到火葬场补办手续的时候，两位办手续的姑娘看着我递过去的“证明书”说，“人大代表和全国政协常委一级的人，他是这样被处理的第一位。”所谓“这样处理”，就是不得保留骨灰。

就在父亲被彻底遗弃、甚至连骨灰也一起被遗弃的同时，国外在对父亲的遭遇完全不知情的情况下，准备授予他一项威望很高的文学奖。后来，父亲已经离开人世的消息被证实，这项文学奖授给了另一位健在的杰出文学家，依然是一位亚洲人。消息传来，人们又一次痛感：老舍先生的死的分量是多么沉重。

直到死，父亲并不认为自己有什么问题。他心中所关心的，并不是后来被随心所欲地到处乱扣的那些大帽子，而是对人民的态度。他认为，在这个问题上，自己是无愧的。他用死去证明了这一点。

在父亲去世的前二十多天，在人民大会堂，父亲遇见巴金先生，他郑重其事地向巴金先生说："请告诉上海的朋友们，我没有问题！"他是怀着这样的信念参加运动的，同样，怀着这样的信念，他迎接了8月23日的风暴。正是几个字构成了活跃在父亲大脑中的最后几个字。

说来奇怪，就父亲的作品而言，越是他偏爱的、珍惜的、下过大力的、有广泛影响的，受到的抨击往往越严重，大部分还是来自朋友方面，而且由来已久。在一般情况下，父亲总是自责，因为他是一个非常谦虚的人，从不说什么过满的话，特别是对自己的作品。他常常毫不掩饰地承认自己的失败，爱说："我也糟糕。"这话，从另一方面看，说明他是个正直的和相当自信的人。他是凭自己的观察来判断是非的，决定取批判、鞭笞或者同情、歌颂的态度。随着思想的成熟，从30年代初开始，他不再写那些单薄的理想化的人物，也不再用简单的杀富济贫或者铲除一两个混世魔王来解决冲突，他开始涉及复杂的社会现象，想从更深的历史发展中清理出一些头绪来，进而向旧的伦理道德、旧的思想意识和传统观念和决定它们的社会制度进攻。他写人们的长处，也写短处，很善于用生动的言语和人物形象把那些最坏的、埋得最深的、最致命的弱点和劣根刨出来，剥给大家看。就像他写祥子一样，一方面，他写祥子的体面、要强，好梦想、坚强、伟大，另一方面，他又写了祥子的堕落、自私、不幸，写他是个社会病态里的产儿，是个个人主义的末路鬼。他最终否定了祥子，觉得只有这样，中国才有救，才能变得真可爱！

8 月 24 日，当父亲在湖边坐着的时候，最折磨他的，与其说是皮肉的疼痛和人格的受辱，还不如说是不被人们所理解。经过一整天和半个夜晚的思索，他的结论大概依然是那两句话，“我没有问题！”“人民是理解我的！”于是，他决心实践那向小孙女说过的“再——见！”向静静的湖水走去……

父亲的死，是场悲剧，他的舍身反抗精神，他的悲壮气概，在那非正常的特殊条件下，有着巨大的震撼力量。他的死，抛出了一串大大的问号，和一串更大的惊叹号。

那天，当我和我的朋友们拍照完父亲舍身之地走出太平湖遗址的时候，城市的喧闹重新包围了我们，阳光斜照着德胜门楼，我突然想起了《茶馆》的结尾。王老掌柜和父亲自己的结局有着惊人的相似之处，还有那舞台上象征着转机的阳光和眼前的阳光也是何等的酷似，我吐了一口长气，踏踏实实地感到：悲剧终于完结了。

再谈老舍之死

前一段时间，到台湾去，在老舍先生的有关问题上，发现台湾人对老舍之死普遍感兴趣，但所知甚少，基本上停留在我们十多年前的认识水平上，所争论的问题，也是我们早已解决了的。

在台北举行的两岸文学座谈会上，台湾作家姜穆先生发言，说他一直认为老舍先生之死是他杀所致，理由有三：一、他死后腹中无水；二、脚下无泥；三、鞋袜都在岸上，结论是他并非自杀，而是被谋杀之后将尸体运来摆在了太平湖边。

我当时在会上说：这个问题早已有了一致的看法。其大背景是“文革”的残酷迫害，具体死因是投水自杀。我举了五点理由，略加说明，并说我写过两篇比较详细的文章，可以参考，一篇叫《父亲最后两天》，另一篇叫《死的呼唤》，台湾方面也早就有了盗印本。

会上没有来得及展开讨论。看来，我并没有说服姜穆先生。我回北京后，看到他发表了一篇为《被“文革”烤“文火”——老舍真是自杀？》的文章，还是重复了“他杀”的说法，这才使我觉得，问题并非那么简单，还是有再讨论的必要。

其实，“他杀”和“自杀”的讨论之所以必要，与其说对解开老舍之死的谜至关重要，还不如说，这个问题的解决对了解老舍这个人更有意义。

冰心先生如是说——特质

一次和冰心先生聊天，她突然冒出一句：“我知道你爸，一定是跳河而死！”我问：“您怎么知道？”她不假思索地说：“他的作品里全写着呢，好人自杀的多，跳河的多。”

像《四世同堂》中里的第二代，祁天佑老爷子，受辱后，没回家，直接走到西直门外，一头扎进护城河里。

像《茶馆》里的王掌柜，受尽人间折磨之后，说了一串耐人寻味的话，诸如对小孙女说：“来，再叫爷爷看看！”“跟爷爷说再见！”“万一我一晚上就死了呢！”最后上吊而亡。

像《猫城记》里的小蝎子和大鹰，后者把自己的头割下悬挂在大街上，为了唤醒群众。

像《火葬》里的王排长和石排长，前者重伤后举枪自尽，后者用尽了子弹，放火自焚。

像《老张的哲学》，这是老舍先生的第一部长篇小说，写它的时候，作者不过 26 岁，它的女主人叫李静，是一位文静、可爱的姑娘，最后也是自杀而死。

写李静自杀之前，小说中有这么一段伏笔：

人们当危患临头的时候，往往仅想到极不要紧或玄妙的地方去，要跳河自尽的对着水不但是哭，也笑，而且有时候问：宇宙是什么？命是什么？……那自问自答的结果，更坚定了他要死的心。

这里说的是自尽，而且偏偏是跳河。

冰心先生的话极对，极准确。她深知老舍先生。他们是老朋友，知根知底的。

一个作家的作品主人公的命运和他本人的命运，当然用不着画等号；但是，这些描写毕竟是他本人思维的产物，所以，作家本人的身世往往会在他笔下的人物身上找到某些痕迹来，这倒是不容忽视的参照系。从这个角度上看，作品是作家命运的相当可靠的“预报器”。毕竟，作品是作家的第六感。它们来自它，由它而生，和它有着看不见摸不着而确实存在的内在的联系线。

气节、身谏、投水、殉难

如果仔细找的话，在老舍先生的自述中，主要是散文、书信中，还可以找到不少独白性的描述。

这些独白，是地地道道的他的思想的反映，是他的生死观，是他的人生哲学。它们极为重要，实际上，是理解老舍结局的钥匙。

1941 年，抗战中，文人们建议设诗人节，还真成功了，为此老舍先生写了一篇《诗人》的小文，发表在当年 5 月 31 日的《新蜀报》上，那里面有这么一段话，是谈诗人特质的：

他的眼要看真理，要看山川之美；他的心要世界进步，要人人幸福。他的居心与圣哲相同，恐怕就不屑于，或来不及再管衣衫的破烂，或见人必须作揖问好了。所以他被称为狂士、疯子。这狂士对那些小小的举动可以无关宏旨而忽略，对大事就一点也不放松，在别人正兴高采烈、歌舞升平的时节，他会极不得人心地来警告大家。大家笑得正欢，他会痛哭流涕。及至社会上真有了祸患，他会以身谏、他投水、他殉难！

这最后一句话，简直是在说自己了——及至社会上真有了祸患，他会以身谏、他投水、他殉难！

实在是太准确了，就是这么一回事。

我见过不少好心的朋友，他们对我说：老先生性子太烈，其实，忍一忍，躲一躲，过了那可怕的几天，也就闯过来了。

听到这儿，我总直截了当地反驳道：您不了解他，不会的。他必死无疑。过了 8 月 24，活不到 9 月 24，活过了 9 月 24，活不过第二年的 9 月 24！

他的气质，他的性格，他的信念，决定了他的命。

1944 年，抗战最艰苦的时候，日军欲从贵州独山方向包围偷袭重庆，重庆方面哗然，纷纷准备再向西撤，向西康方向逃。友人萧伯青问老舍："您怎么办？"他脱口而出："北面就是滔滔的嘉陵江，那里便是我的归宿！"

此话传出后，朋友们纷纷写信询问虚实，老舍先生在给王冶秋先生的信中是这么回答的：

跳江之计是句实谈，也是句实话。假若不幸敌人真攻进来，我们有什么地方、方法，可跑呢？蓬子说可同他的家眷暂避到广安去，广安有什么安全？丝毫也看不出！不用再跑了，坐等为妙；嘉陵江又近又没盖儿！

嘉陵江又近又没盖儿！

这是中国有气节的文人的一个含泪的惨笑，俏皮、悲壮、悲愤，十足的老舍味儿。

千万不要以为老舍先生是一个轻视生命的人，似乎动不动就要舍去了自己的生命，不是这样。大敌当前，他是准备拼命的。他的这种誓言，可以找到几十万字。他是最大的“抗战派”，而且是个拼命的、务实的抗战派。他舍妻弃子只身逃出济南，来到武汉、重庆，投入抗战的洪流中，当了中华全国文艺界抗敌协会的总负责人。只有在夜深人静时，想家想亲人，暗暗地落泪。他在 1938 年 3 月 15 日深夜 10 点写给陶亢德先生的信里说：

我想念我的妻与儿女。我觉得太对不起他们。可是在无可奈何中，我感谢她。我必须拼命地去做事，好对得起她。男女间的关系，是含泪相誓，各有珍重，为国效劳。男儿是兵，女子也是兵，都须把最崇高的情绪生活献给这血雨刀山的大时代，夫不属于妻，妻不属于夫，他与她都属于国家。

这样的信充满了情，充满了对生活的眷恋，是生命的赞歌。

当这样一位有情有趣有血有肉的人说他要去自杀时，显然，是发生天大的事，或者，有一件天大的事占据了他整个脑海。

这事，便是气节。

老舍先生有一段类似格言的话，写在抗战刚刚结束时，发表在一篇叫作《痴人》的短文里：

谁知道这气节有多大用处呢？但是，为了我们自己，为了民族的正气，我们，宁贫死、病死，或被杀，也不能轻易地丢失了它。在过去的八年中，我们把死看成生，把侵略者与威胁利诱都看成仇敌，就是为了这一点气节。我们似乎很愚傻。但是世界上最良最善的事差不多都是傻人干出来的啊！

这老舍式的格言真的伴随着老舍先生自己走完了他一生，为他的生命画了一个完整的、圆圆的句号。

是非判断、独立思考

气节也好，投水也好，殉难也好，身谏也好，前提：是非判断，而是非判断的前提是独立思考；舍此便没有一切。

老舍先生是“文革”最早的殉难者之一。

一个合理的问题：那么早，他能看出有问题吗？

要知道，当时绝大部分人对“文革”是看不清楚的，相反，都心悦诚服地、虔诚地跟着领袖走，以为自己是错的，以为自己写的东西是毒草，自己需要彻底改造。在作家群中，大概只有茅盾先生，凭借他丰富的党内经历，有不同的是非判断，断然采取不参加、不合作的态度，他的老资格地位对他也有天然的保护作用。他的情况可以算是少而又少的例外了。

那么，老舍先生呢?

他从一开始就保持了清醒的头脑，对“文革”持断然不同看法。这很奇特。但这是事实。

1966年8月21日，是星期日，这一天，我回过家，和大妹舒雨一起，和父亲有过一次认真的谈话。

这一天，离他挨斗的8月23日只相隔两天，离他自杀的8月24日只相隔三天。

是地道的家庭式的聊天。

我那一年已经31岁，大妹29岁，我们和父亲的谈话是大人和大人之间的谈话。我们在父亲的眼里，从来都是孩子；但是，在外表上，他从来都不把我们当孩子，这大概是他受外国的影响，早早地就以一个平等的身份对待我们，和我们行握手礼，直呼我们的学名，不再叫小名，好像暗示我们：你是一个独立的存在，我尊重你。

他这个“五四”时代人，有根深蒂固的民主思想，他的名言是：“不许小孩说话，造成不少家庭小革命者。”

那天的谈话是由“红卫兵”上街扫“四旧”说起的。“八一八”毛泽东接见红卫兵之后，“扫四旧”风起云涌。我们便谈些街上的事情给父亲听，譬如说王府井大街老字号的店匾已被砸，连“四联”理发店里的大镜子都被学生贴上了大白纸，不准照，理发照镜子都成了资产阶级的臭毛病。

舒雨说：“爸，您还不把您的小玩意先收起来？”小玩意者，摆在客厅多宝阁里的小古董、小古玩也，它们可能也是“四旧”吧。

父亲不容她说下去，斩钉截铁地说了五个字：“不，我绝不收！”

以后的话，都是他的。

思绪由他头脑中飞出，连连续续，大概是深思熟虑的，观点非常鲜明，并不费力，好像厨房中备好的菜肴，一会儿端出一盘来。我和大妹只有接受的份儿，完全无法插嘴。在他这段思想和那段思想之间便出现了冷场，房里安静得有些异常，反而加深了我们的印象。

“是谁给他们的权利？”

……

“历史上，外国的文化革命，从来都是破坏文化的，文化遭到了大损害。”

……

“又要死人了！”

……

“尤其是那些刚烈而清白的人。”

他说了两位他的老朋友的故事，都是真实的故事。

一位死于“三反”“五反”运动，另一位死于“镇反”运动。他说的时候有名有姓，可惜，我们都记不住，都是并没有正式反到他们身上，只是有了一点点端倪，也就是刚刚对他们有所暗示，有所怀疑吧，结果，两位都是在各自回家的路上，一头扎进了什刹海。

都是自杀。

都是投水。

都是身谏。

都是殉难。

都是刚烈。

都是清白。

都是抗议。

什么叫听者无心，说者有意？这是最好最好的例子。这方话音未落，他便死去了。事实，便是如此。

凑巧得很，父亲失踪的消息，偏偏是我首先知道的，我立刻首先告诉了大妹，我们交换了眼光，我们也偷偷地交换了看法：他去了。

因为，我们立刻想起了三天前他明明白白说过的话。他等于已经告诉了我们。

果然，24 日早上在太平湖里找到了他的尸体。

他的衣服、手杖、眼镜都齐整地放在岸上，他一步一步踏着芦苇叶和水草走向湖水，让湖水吞没了自己，呛水而亡，离岸边大概也不过 10 米远。他的口袋里有他的名片，写着他的名字：舒舍予，老舍。

我由第一秒钟起，便绝对相信：他在受尽一天一夜的残暴殴打、奇耻大辱和进行了惊心动魄的刚烈的直接反抗之后，投水自杀。

没有第二种选择。或者，反过来说，如果有第二种选择，那绝不是他！

因为，他早已为自己设计好了结局。

他喜欢这个新政权，认为它是替老百姓谋利益的，觉得它比旧政权强很多。他尊敬毛泽东，他和周恩来是非常好的朋友。他把自己当成这个新政权的主人，以极大的热情和喜悦埋头写作，成为受人民爱戴和尊敬的“人民艺术家”，而且是唯一有正式奖状的。

但是，他有独立思考的能力和习惯。这和他先后10年生活在国外不无关系，他见识比较广，读的、见的都多，站得比较高。

记得苏联赫鲁晓夫把马林科夫、莫洛托夫、伏洛希罗夫、卡冈诺维奇打成“反党集团”的时候，中共中央立刻发表声明表示支持，并要求文化名人也就此表态，问到老舍先生，他居然来了这么一句：

“慢慢瞧吧，历史会下结论的。”

直到不久以前，我才知道：1959年的“拔白旗”运动，北京市确定了两面大“白旗”，一面是焦菊隐先生，另一面便是老舍先生。报纸上的一整版针对老舍的批判稿都排好了版，有人亲眼见到了。后来不知道是谁发了话，临时变了卦，把老舍压了下来，只“拔”了焦先生。闹了半天，他的独立思考，他的是非判断标准早已把他自己划入了敌人的一方。

这么看来，太平湖中的一幕，只能是必然的了。

他曾到过什刹海——序幕

1987年2月18日，我曾有机会访问了马松亭大阿訇，他告诉了我一些非常重要的细节。

马松亭老人和老舍先生是多年的老朋友，友谊可以一直追溯上世纪30年代初，在济南。抗战时，马阿訇主持重庆大清真寺的教务，并组织回教救国协会，和老舍先生也发生过很密切的交往。应回教救国会的请求，老舍先生和宋之的先生创作了话剧《国家至上》，曾在后方许多地方上演。主演的女演员张瑞芳曾被回民亲切地叫作“我们的张瑞芳”。

马松亭老人 1957 年被错误地打成“右派”，思绪低落，生活处境也很凄凉。“文革”初起，老人更是不安，常常闷坐在河边，一坐便是半天。

8 月初的一天，他和夫人又来到什刹海岸边，闷闷不乐地坐到黄昏。突然，一抬头，他看见老舍先生独自一人拄着手杖慢慢地沿着岸边迎面走来。马老人拉他一起坐一坐。

老舍先生一开口，就让马老夫妇大吃一惊。他非常坦率。他说他想不通，很苦闷，要“走”。

“马大哥，咱哥儿俩兴许见不着了！”老舍拉着老人的手，掏了心窝子。面对多年不见的老兄弟，他完全无顾忌，反而能对面直说。

马老人无言以对，站起来和他同行，送了他一程。

老舍先生说：“你们回家吧，我走啦……”

什刹海离家还有一段距离，除非专门来，并不顺脚。老舍先生是专门来的。他似乎在选择自己的归宿地。

马老人和夫人的回忆使我震惊，当风暴还未刮到他的头发上时，他已经做好结束自己生命的一切准备，包括方式、地点。

马松亭大阿訇的回忆把老舍之死的谜团里的那最后一点残雾彻底地吹散了。

它说明，投水只不过是最后的一笔，图画的大框架却是早已勾勒好了的。

它说明，人比动物不知道要伟大多少，因为人能计划和安排自己的死。

它说明，士不可辱和宁折不弯并不能全部概括他的死。

全只因为，他是一个极清醒的人。他看到了灾难，不光是对他一个人的灾难。

他最后选择了太平湖，一个不出名的城外的野湖，是渔民养鱼和打鱼的地方。他对太平湖很熟。这里很安静，没有游人。

这一切，都是旁人无法替他安排的。

他的好朋友巴金先生、冰心先生还有许多其他的人，得知这一消息后，放声痛哭过，国外的文学家率先写了悼念他的文章和小说，瑞典人在不知情的情况下甚至准备给他颁发诺贝尔文学奖。可是，这一切，他都不知道了，他走了，实现了他的哲学——当发生祸患时，身谏，投水，殉难。

这个悲壮而凄惨的选择，至今，还震撼着人们的心，让一切善良的人们想起来便潸然泪下……并终于在酸楚中慢慢明白了他的死的全部分量。

1994 年 6 月 5 日于北京

——老舍先生——未公布图片

此处展示一组最近10年老舍先生从未发表过的照片。20年前燕山出版社曾出版了舒济主编的大型图册《老舍》，收录了900余张和老舍先生有关的照片，其中老舍先生本人各个时期的照片共231张，堪称是集大成的一次收集、整理和发表。从那以后，通过各种渠道又陆续有所发现，共有21张之多，最难能可贵的是其中竟然有5张是1949年以前拍的，弥为珍贵。

老舍在汕头参观汕头专区工艺美术馆时，在门前留影。

1957年在苏联。

1939年在重庆。

老舍题诗赠潮剧院，在澄海文化馆。

老舍、曹禺在澄海白沙农场参观时留影。

1962年春，在周恩来总理关怀下，作家老舍、曹禺、阳翰笙、李健吾、张庚、徐平羽、周恒、吕复一行应邀到潮汕观看潮剧。

老舍1962年在广东热带植物园。

老舍在澄海参观时留影。

1957 年在重庆出席印度新德里亚洲作家会议之后返京途中。

1965 年在日本，后为刘白羽。

1950年6月北京市第一次文代会主席台上（左为老舍接受北京曲艺界人士献词，讲话者为连阔如）。

1950年6月北京市第一届文代会主席台上（右起：王耀卿、田汉、钟敬文、老舍、李伯钊）。

六十年代初的老舍。

编辑按：

此组图片是2015年林洙老师从梁思成先生的老相机里发现的，应为梁先生当年所摄。五十多年来它们从未面世，五十多年以后看到此组照片的舒乙先生十分激动。2015年5月27日，他连续通过两次邮件表示“此八张照片确实没见过，很棒，谢谢”。经舒先生查证，有了以下图释与说明：

1961年7月，应内蒙古自治区主席乌兰夫的邀请，全国文联组成以叶圣陶为团长的作家、艺术家参观团参观了内蒙古自治区。参加的作家有老舍、曹禺、吴组缃、端木蕻良、建筑学家梁思成等，文化部徐平羽副部长陪同参观。布赫代表乌兰夫全程陪同。

1961年7月30日至31日，由哈尔滨至海拉尔，在海拉尔留影，（前排右四）老舍、（右六）叶圣陶；（二排左四）端木蕻良（戴帽者）、（左五）徐平羽、（左六）曹禺、（左八）吴组缃。

1961 年 7 月 31 日，老舍在大兴安岭。

1961 年 7 月 31 日，叶圣陶、老舍在大兴安岭。

1961 年 8 月 2 日，吴组缃（左一）、老舍在陈旗草原。

1961 年 8 月 17 日，叶圣陶、老舍、吴组缃在通辽莫力庙参观。

1961 年 8 月 25 日 -26 日，老舍在赤峰，右为布赫。

1961 年 8 月 29 日，参观团在赤峰平庄合影，（左三）布赫、（左五）老舍、（左九）叶圣陶。

1961年8月29日，老舍在赤峰平庄。

(京)新登字 083 号

图书在版编目(CIP)数据

老舍先生/舒乙著. —北京:中国青年出版社,2015.4

ISBN 978-7-5153-0658-2

Ⅰ.①老… Ⅱ.①舒… Ⅲ.①老舍(1899~1966)-传记 Ⅳ.①K825.6

中国版本图书馆 CIP 数据核字(2015)第 060720 号

责任编辑:申永霞

封面设计:梁　丹

内文设计:樊　瑶

*

中国青年出版社 出版 发行

社址:北京东四十二条 21 号　邮政编码:100708

网址:www.cyp.com.cn

编辑部电话:(010)57350501　门市部电话:(010)57350370

北京顺诚彩色印刷有限公司印刷　新华书店经销

*

710×1000　1/16　23.25 印张　200 千字

2016 年 8 月北京第 1 版　2016 年 8 月北京第 1 次印刷

印数:1-4000 册　定价:48.00 元

本图书如有印装质量问题,请凭购书发票与质检部联系调换

联系电话:(010)57350337